STEVE RYAN

Allumez votre Q.I.

plus de 260
casse-têtes
stimulants

éditions BRAVO!

L'édition originale de cet ouvrage est parue chez Sterling Publishing Inc.
sous le titre *IQ Boosters*.

Publié par les Éditions Bravo! une division de
LES PUBLICATIONS MODUS VIVENDI INC.
55, rue Jean-Talon Ouest, 2e étage
Montréal (Québec) H2R 2W8
Canada

www.editionsbravo.com

Directeur éditorial : Marc Alain
Conception de la couverture : Émilie Houle
Traduction : Germaine Adolphe

ISBN 978-2-92372-014-2

Dépôt légal – Bibliothèque et Archives nationales du Québec, 2009
Dépôt légal – Bibliothèque et Archives Canada, 2009

Imprimé en Chine

Table des matières

NOTE AU LECTEUR

Réchauffez vos neurones et préparez-vous à explorer un macrocosme de casse-têtes, des questions difficiles, passe-temps et paradoxes mathématiques. Au-delà des théories quantiques, les mathématiques prennent la forme de jeux aussi populaires que le tic-tac-toe et les échecs. Selon Galilée, elles sont le langage de l'univers créé par Dieu.

Jetez-vous dans l'arène des défis mentaux et tirez-en une grande autosatisfaction. Une bonne partie du plaisir et de la fascination pour résoudre des casse-têtes mathématiques découle de l'application de la logique précise qui remet de l'ordre dans le chaos d'un problème. Avec un peu d'ingéniosité créative, vous pouvez rétablir l'harmonie dans ces « torture-méninges » mathématiques.

Je vois souvent mes jeux comme un pont entre les mathématiques et les arts. Chacun d'eux est conçu esthétiquement pour captiver le regard, éveiller la curiosité et inciter la pensée à suivre un fil de raisonnement sur la route des délices mathématiques. Certains casse-têtes demandent l'application des opérations de base : addition, soustraction, multiplication et division; d'autres nécessitent des manœuvres et manipulations plus abstraites, ainsi que de la réflexion. Carrés magiques, partages complexes, questions difficiles en tous genres, problèmes topologiques et autres défis vous attendent.

Que vous soyez « mathémagicien » ou en voie de le devenir, les casse-têtes étonnants de ce livre éprouveront vos neurones tout en vous procurant des heures de plaisir.

Relevez le défi ! Aiguisez vos crayons et votre esprit. Vous pourriez être beaucoup plus doué en mathématiques que vous ne le pensez !

STEVE RYAN

CHAPITRE

1

Casse-têtes mathématiques

1.

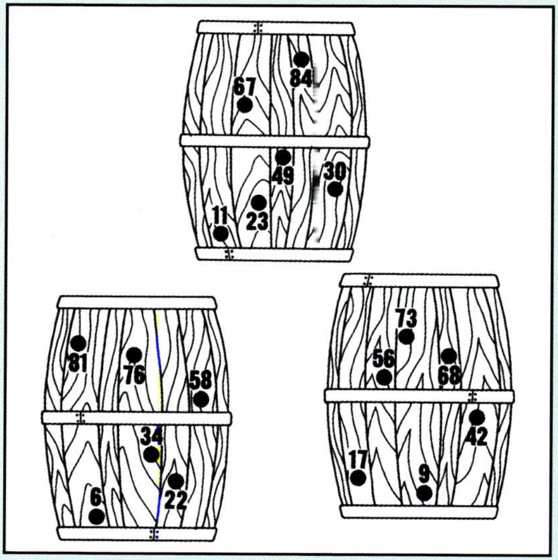

CENT DANS TROIS

Chaque baril contient 100 litres de bière. Faites sauter un nœud dans chacun d'eux de manière à laisser un total de 100 litres répartis dans les trois barils. Le nombre à chaque nœud correspond aux litres qui resteront dans le baril donné.

Solution en page 278.

2.

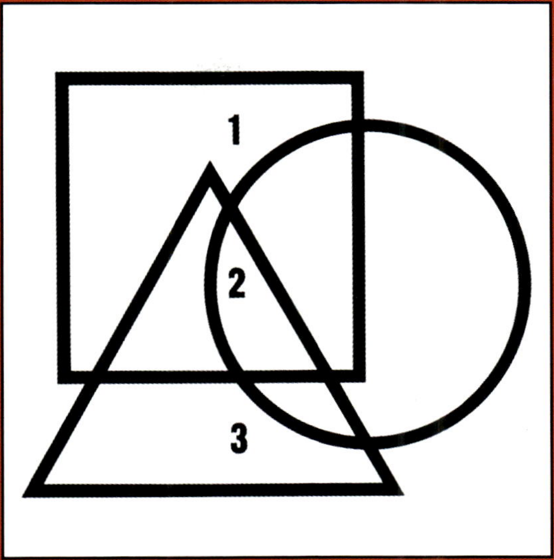

MISE EN FORME

Placez les chiffres restants de 1 à 10 dans les sept divisions de ces formes géométriques en chevauchement, en respectant les conditions suivantes :

1) Le cercle, le carré et le triangle doivent totaliser chacun 30 points.
2) Les trois divisions extérieures du cercle, du carré et du triangle doivent aussi totaliser 30 points.

Solution en page 279.

(Besoin d'un indice ? Allez à la page 14.)

3.

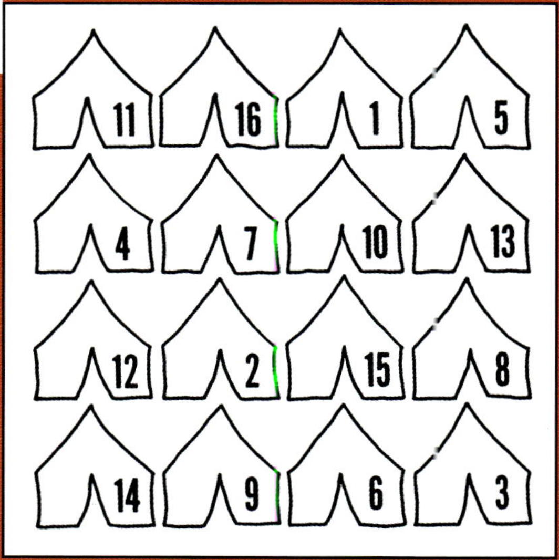

SOUS LA TENTE

On sait que 4 officiers campent stratégiquement dans 4 tentes différentes, dont le nombre total d'occupants s'élève à 32. Conformément aux ordres, chaque alignement horizontal, vertical et diagonal de 4 tentes abrite un officier. Quelles tentes occupent les officiers ?

Solution en page 280.

4.

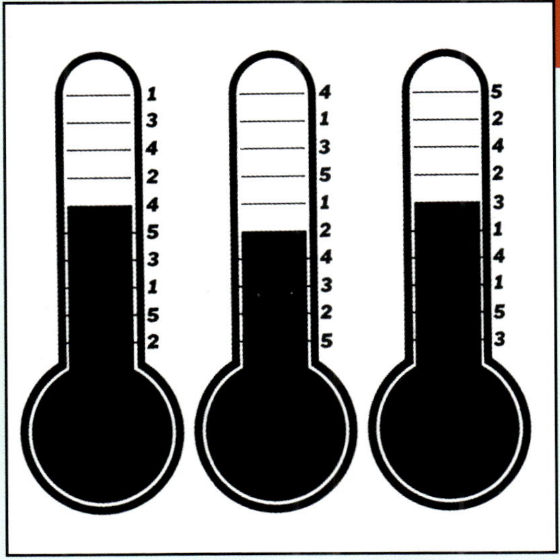

TROISIÈME DEGRÉ

Votre défi consiste à équilibrer ces thermomètres de façon que tous affichent le même chiffre. Chaque fois que un thermomètre monte de une unité, l'un des deux autres doit baisser de une unité et vice versa.

Solution en page 282.

5.

BONBON CODÉ

On sait que chaque alignement horizontal, vertical et diagonal de 4 bonbons totalise 200 calories. Vous devez déterminer le nombre de calories dans chaque bonbon d'après les informations suivantes :

Trois bonbons contiennent chacun 20 calories.
Deux bonbons contiennent chacun 40 calories.
Sept bonbons contiennent chacun 60 calories.
Trois bonbons contiennent chacun 80 calories.
Le bonbon noir ne contient aucune calorie.

Solution en page 284.

6.

CREUX OMBRÉS

Il y a 11 formes creuses dans ce jeu. Votre défi consiste à ombrer 4 formes non adjacentes.

Solution en page 286.

7.

COUP DE CHAPEAU

Dans ce jeu, vous devez éliminer les fractions. Produisez un nombre entier en additionnant la taille de 2 chapeaux ou davantage.

Solution en page 288.

(Besoin d'un indice ? Allez à la page 17.)

Indice du jeu 2 : Une division reste vide.

8.

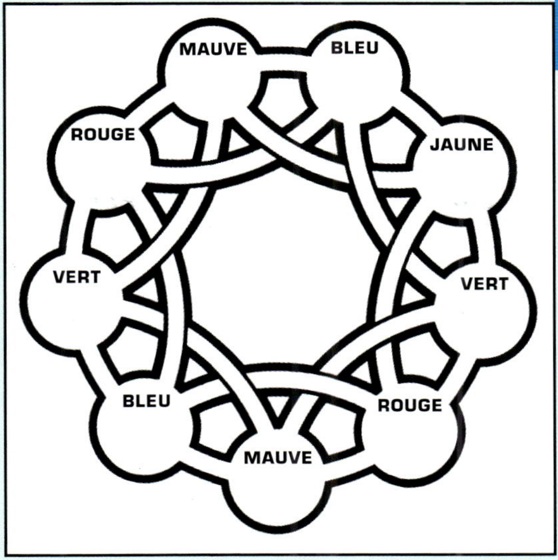

FIDÈLE À SA COULEUR

Les lignes intérieures de cette figure s'entrelacent sans se couper. Placez les chiffres de 1 à 9 dans les 9 cercles colorés, en respectant les conditions suivantes : 1) Tout ensemble de 3 chiffres totalisant 15 points (il y en a 8) doit comporter 3 couleurs différentes. 2) Aucun passage ne doit relier des chiffres de valeurs consécutives.

Solution en page 278.

9.

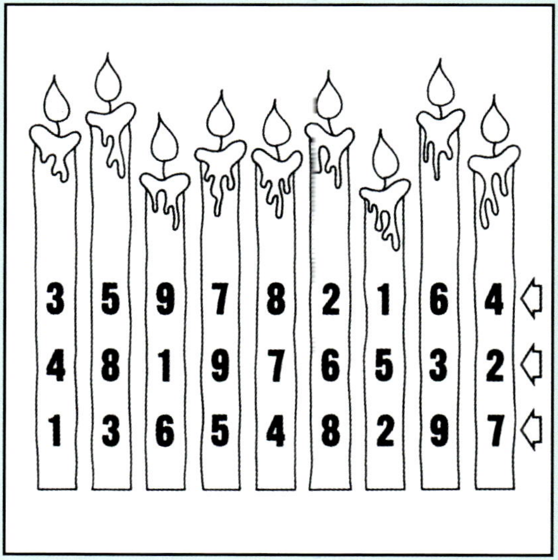

15 PARTOUT

Dans ce jeu, les chiffres de 1 à 9 apparaissent 3 fois chacun. Votre tâche consiste à souffler 3 chandelles formant 3 rangées horizontales de 15 points. Les 3 chandelles que vous sélectionnerez devront comporter les chiffres de 1 à 9. (Aucun chiffre ne peut être répété.)

Solution en page 279.

(Besoin d'un indice? Allez à la page 20.)

10.

		F	U		
G	V	Y	B	K	T
	A			X	
Q	H	W	L	S	J
		R	I		

DZOMPCEN

CAVALIÈREMENT

Positionnez les 8 lettres restantes de l'alphabet dans les cases vides de cette grille, de façon à compléter la progression alphabétique créée par les déplacements d'un cavalier sur un échiquier.

Solution en page 281.

Indice du jeu 7 :
Renversez l'un des chapeaux.

11.

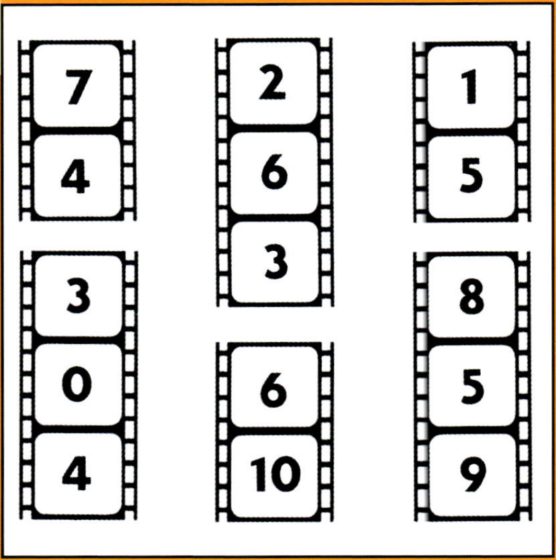

BON RACCORD

Raccordez ces 6 extraits de film pour produire un court métrage de 15 plans. Le résultat final doit constituer une pellicule présentant une séquence numérique mathématiquement logique.

Solution en page 287.

12.

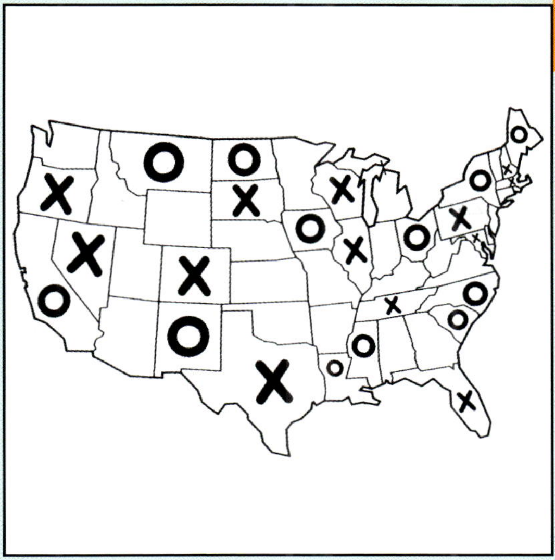

TIC-TAC-TOPOLOGIE

Voici un jeu de stratégie topologique pour 2 joueurs, où le premier à relier 3 États perd la partie. Comme au tic-tac-toe, un joueur utilise des X et l'autre, des O. Les joueurs placent à tour de rôle leur signe dans un État, jusqu'à ce que l'un d'eux soit forcé de relier 3 États ou plus. La partie est déjà amorcée et c'est à vous de jouer. Si vous positionnez un O judicieusement, votre adversaire sera dans l'impossibilité de placer un X sans perdre la partie. Note : Un seul X ou O peut être utilisé pour marquer le Michigan (il y a un pont qui rattache les deux moitiés) et les États diagonalement adjacents, tels que l'Arizona et le Colorado, ils ne sont pas considérés comme reliés. Vous pouvez jouer à ce jeu avec des cartes d'autres pays et continents.

Solution en page 284.

13.

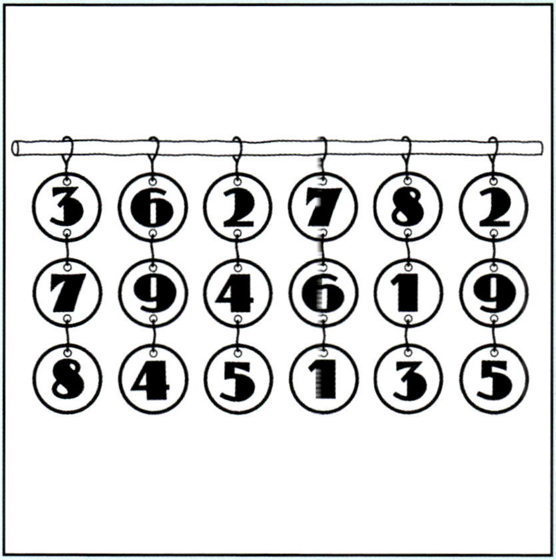

AU BOUT DU FIL

Chacun des chiffres de 1 à 9 apparaît deux fois dans les dix-huit disques suspendus par des fils. Faites tomber une série de chiffres de 1 à 9, en coupant le moins de fils possible, de façon à laisser neuf disques suspendus montrant l'autre série de 1 à 9.

Solution en page 286.

Indice du jeu 9 :
Commencez par souffler la bougie du milieu.

14.

NEUF DANS HUIT

Comment un Anglais met-il 9 cochons dans 8 enclos ?

Solution en page 288.

15.

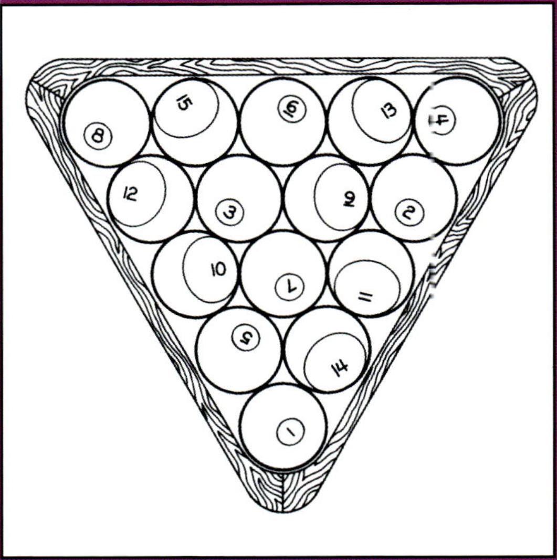

CASSE-BOULE

Une partie de billard des plus inhabituelles vient d'être disputée par 3 joueurs. L'un d'eux a gagné, mais de justesse. Déterminez la distribution des boules d'après les informations suivantes : 1) Chaque joueur a un nombre de boules différent. 2) Aucun joueur n'a deux boules avec des numéros consécutifs. 3) Aucun joueur n'a 2 boules de couleur identique.
Couleurs des boules : les 1 et 9 sont jaunes, les 2 et 10 sont bleues, les 3 et 11 sont rouges, les 4 et 12 sont mauves, les 5 et 13 sont orange, les 6 et 14 sont vertes, les 7 et 15 sont marron et la 8 est noire.
4) Le score de chaque joueur équivaut à la somme des numéros de ses boules.

Solution en page 278.

(Besoin d'un indice? Allez à la page 25.)

16.

CARRÉMENT CARRÉ

En faisant deux coupes droites, divisez cette figure en 4 morceaux de taille et de forme égales qui, une fois réarrangés, formeront un carré renfermant un autre carré.

Solution en page 279.

(Besoin d'un indice? Allez à la page 30.)

17.

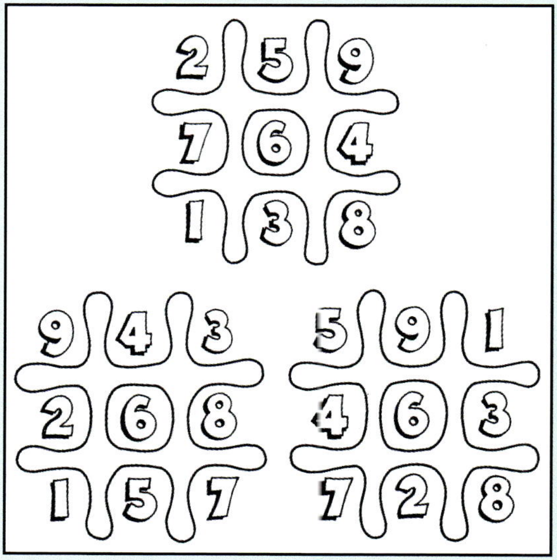

TIC-TAC-TOTAL

Encerclez un tic-tac-toe gagnant dans chacune des 3 grilles, en respectant les conditions suivantes : 1) Une des grilles doit contenir une victoire diagonale, une autre, une victoire horizontale et une autre, une victoire verticale. 2) Les chiffres encerclés en construisant ces 3 lignes gagnantes doivent être : 1, 2, 3, 4, 5, 6, 7, 8, 9.

Solution en page 283.

18.

BLOCS DÉBLOQUÉS

Ces 10 blocs forment présentement les nombres 49 067 et 58 132. Pouvez-vous permuter 2 blocs de façon à créer deux nouveaux nombres, l'un étant le double de l'autre ?

Solution en page 284.

Indice du jeu 15 : Le joueur avec le plus haut score a le moins de boules.

19.

SOUCOUPES MAGIQUES

Les symboles du sorcier sont la foudre, le croissant de lune et l'étoile. Chaque symbole a un pouvoir magique spécifique, dont la puissance est révélée par ces soucoupes. En effet, on sait que les trois flèches croisées pointent vers les soucoupes de pouvoirs équivalents. Trouvez le ou les symboles, égaux à l'étoile, devant être placés dans la soucoupe vide.

Solution en page 287.

20.

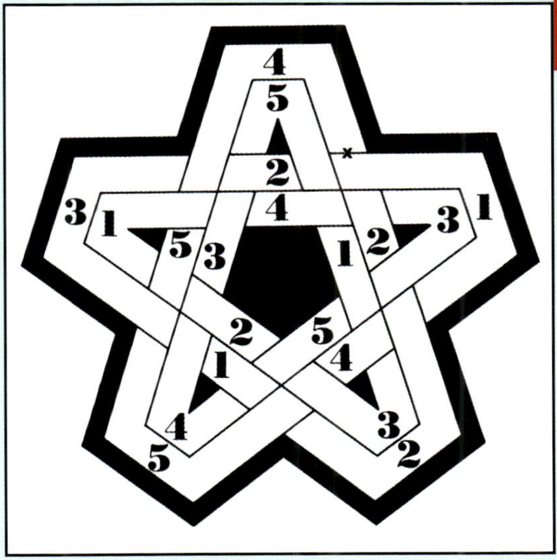

SIRIUSEMENT

En les barrant d'une croix, retirez 16 petites lignes de division (l'une est déjà barrée), de façon à obtenir 4 grandes formes contenant chacune les chiffres de 1 à 5.

Solution en page 288.

21.

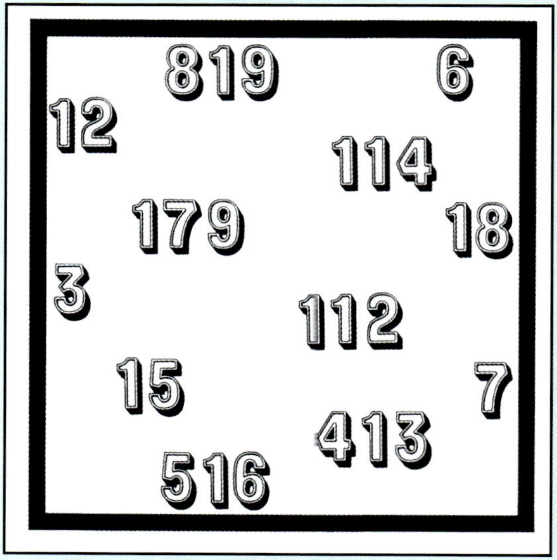

VISION PARFAITE

En utilisant 4 lignes droites, divisez ce carré en 9 morceaux de manière que chacun ait la même somme si on additionne les nombres qu'il renferme.

Solution en page 280.

22.

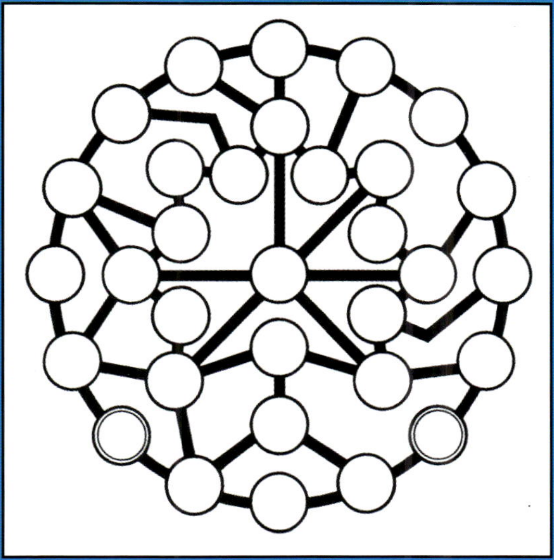

DOUBLE JEU

Voici un double casse-tête à résoudre. Vous devez tracer deux chemins contenant un nombre pair d'anneaux, en commençant et en finissant aux anneaux doubles. Le premier chemin doit être le plus court possible et le second, le plus long possible. N'utilisez un anneau ou un connecteur que une fois par solution.

Solution en page 281.

23.

TOUT EN COULEURS

Un peintre a 5 pots d'une contenance de 10 litres, renfermant des quantités consécutives de peinture de chaque couleur. D'après les informations suivantes, combien de litres de chaque couleur reste-t-il dans chaque pot ? 1) Il y a un total de 8 litres de rouge et de vert. 2) Il y a un total de 10 litres de bleu et de jaune. 3) Il y a un total de 13 litres de vert, de jaune et d'orange. 4) Il y a un total de 9 litres de rouge, de bleu et d'orange.

Solution en page 283.

Indice du jeu 16 : Curieusement, le carré intérieur qui sera créé, unef soi les formes coupées réarrangées, sera plus grand que celui de la forme originale

24.

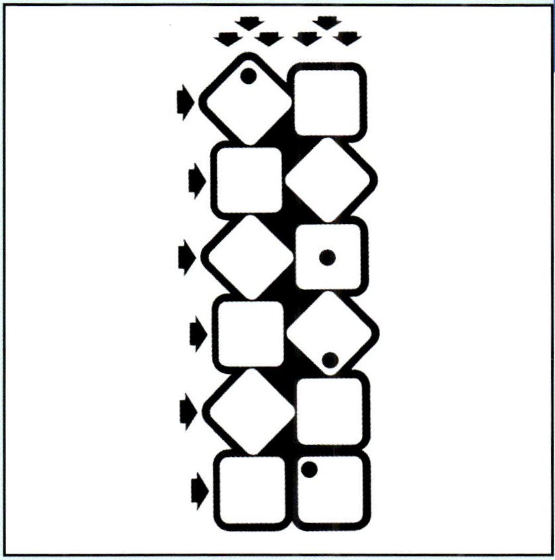

SIX ET SEPT

Ces 6 paires de dés ont perdu la plupart de leurs points. Votre tâche consiste à positionner les points manquants, en respectant les conditions suivantes : 1) Chacune des 6 paires de dés empilés doit totaliser 7 points. 2) Chacune des 6 colonnes indiquées par les six flèches du haut doit aussi totaliser 7 points. 3) Chacune des 2 tours de 6 dés doit montrer toutes les faces de 1 à 6 points.

Solution en page 285.

25.

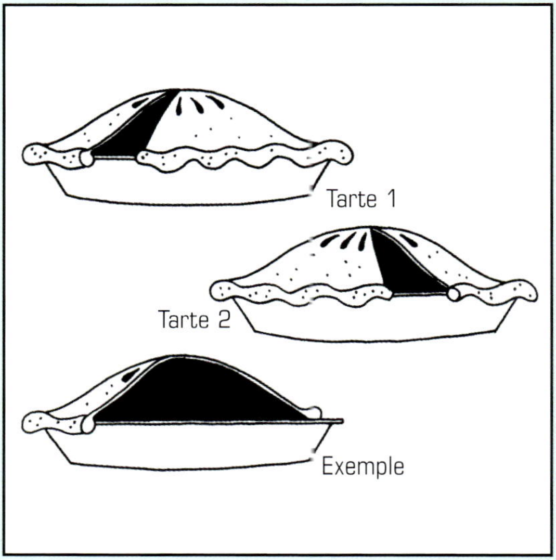

TARTE PARTAGÉE

Chacune de ces 3 tartes a été coupée en 2 morceaux, dont le plus petit a été retiré. Dans l'exemple de la tarte du bas, le plus petit morceau équivaut à $47\,{}^{3}/_{6}$ % de la tarte et le plus gros, à $52\,{}^{9}/_{18}$ %. Ensemble, ils totalisent 100 % de la tarte et comprennent tous les chiffres de 1 à 9. Vous devez illustrer les morceaux des deux autres tartes de la même manière. Comme dans l'exemple, le pourcentage de chaque morceau doit être formé d'au moins 4 chiffres et d'au plus 5 chiffres. Dans la première tarte, le petit morceau représente moins de 5 %, alors que dans la deuxième, il dépasse les 8 %.

Solution en page 287.

26.

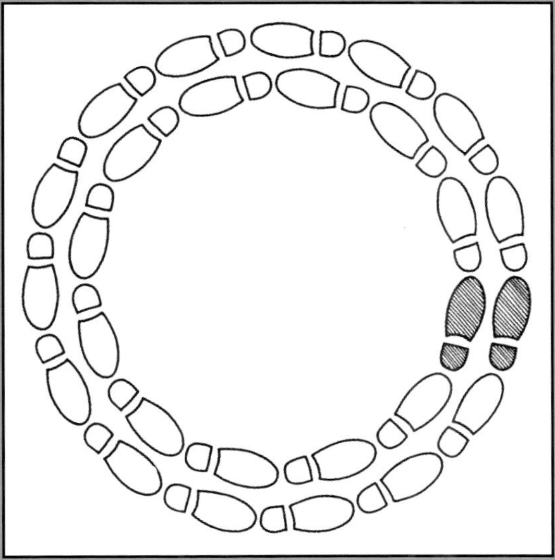

À LA TRACE

Voici un casse-tête qui vous fera littéralement tourner en rond. Démarrez votre petite promenade en posant les pieds sur les 2 pas ombragés. En commençant par le pied droit, marchez normalement en suivant les pas tracés, sans jamais en sauter un. Si chaque pas mesure 25,4 cm, combien de pas faudra-t-il pour faire une enjambée de 1,33 m ?

Solution en page 288.

(Besoin d'un indice? Allez à la page 39.)

27.

ROUGE ET BLEU

Il y a 10 étoiles dans ce jeu. Vous devez colorier 80 % d'entre elles en bleu et 70 % en rouge. Cela signifie que 50 % des étoiles doivent être à la fois bleues et rouges. Par ailleurs, il faut colorier les étoiles d'une façon qui permette de tracer 2 lignes droites pour les diviser en 3 groupes : un groupe d'étoiles toutes bleues, un groupe d'étoiles toutes rouges et un groupe d'étoiles à la fois bleues et rouges.

Solution en page 278.

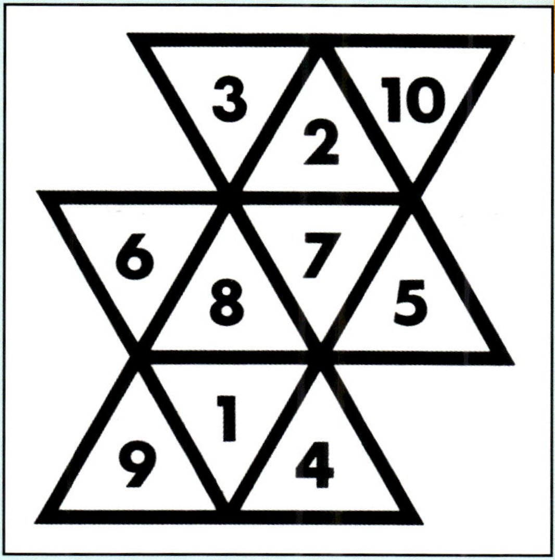

28.

TRIANGLE INFERNAL

Dans cet exemple de jeu, les chiffres de 1 à 10 sont disposés de manière que chaque groupe de 4 petits triangles forment un triangle plus grand totalisant 22 points. Il y a 4 grands triangles en chevauchement.
Changez tous les chiffres à l'intérieur des triangles de sorte que le jeu fonctionne avec un total différent. Puis, recommencez à trois autres reprises avec trois autres totaux.

Solution en page 280.

(Besoin d'un indice? Allez à la page 45.)

29.

TISSAGE INACHEVÉ

Le tissage dans ce jeu est incomplet. Une fois terminé, il révèlera 3 chemins distincts. 8 croisements clés sont déjà dessinés. Il vous reste à tracer les 16 croisements manquants, de façon que chaque brin totalise exactement 100 points.

Solution en page 281.

30.

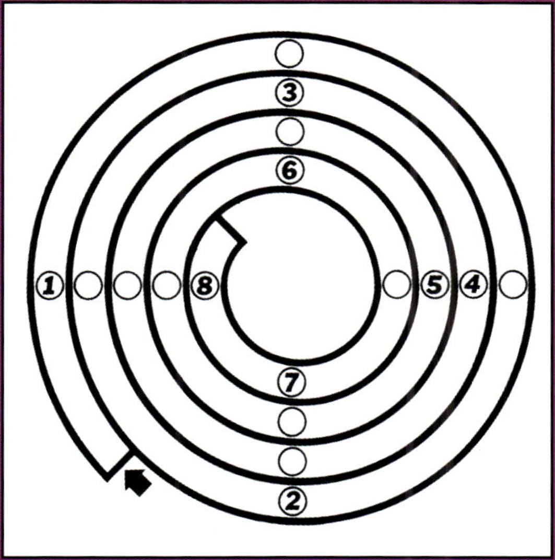

SPIRALE EN NEUF

Un exemple de solution est donné dans cette figure, mais il en reste d'autres. En commençant à la flèche et en allant vers le centre de la spirale, déposez les chiffres de 1 à 8 consécutivement dans les cercles de votre choix. En arrivant au bout de la spirale, vous devriez obtenir un total de 9 points dans chacune des 4 rangées de cercles. Trouvez les 5 autres solutions.

Solution en page 285.

31.

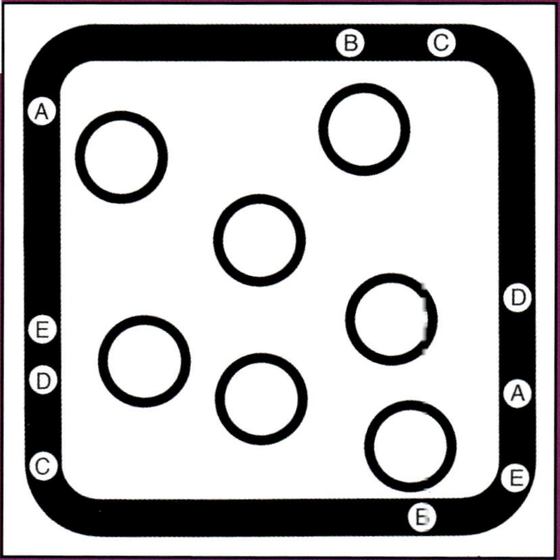

DISQUE-COMPTE

Pour commencer, tracez 5 lignes droites reliant les lettres identiques en périmètre du jeu (A à A, B à B, etc.). Ensuite, placez les chiffres de 1 à 7 dans les 7 disques de manière que les 5 lignes totalisent le même nombre de points.

Solution en page 289.

(Besoin d'un indice ? Allez à la page 52.)

32.

18 21 3 101 313 = 1000

936 504 24 107 8 = 1000

550 22 11 5 730 = 1000

GRAND CHELEM

Voici 3 défis distincts. Pour chaque équation, insérez les 4 différents signes mathématiques (addition, soustraction, multiplication et division) entre les cases de façon à obtenir un résultat de 1000. Vous devez effectuer chaque calcul dans l'ordre des opérations.

Solution en page 283.

Indice du jeu 26 : Au vingt-quatrième pas, le pied gauche a fait un tour complet. Le pied droit est à trois pas de un tour. Par conséquent, l'écart entre les deux pieds est de 76,2 cm (3 pas x 25,4 cm). Autrement dit, chaque pas que fait le pied gauche augmente l'enjambée de 6,35 cm (76,2 cm : 12 pas).

33.

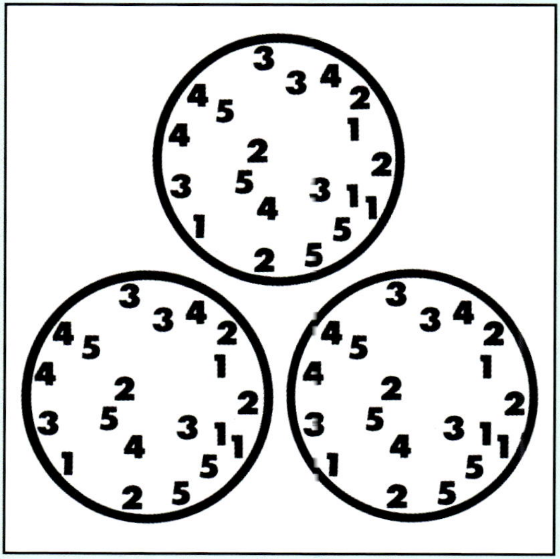

TRIPLE JEU

Ces 3 terrains de jeu circulaires contiennent un arrangement identique de chiffres. Votre défi consiste à résoudre un problème différent dans chaque cercle. 1) Avec 2 lignes droites, divisez le premier cercle en 3 morceaux totalisant chacun 20 points. 2) Avec 2 lignes droites, divisez le cercle suivant en 4 morceaux totalisant chacun 15 points. 3) Avec 3 lignes droites, divisez le dernier cercle en 5 morceaux totalisant chacun 12 points.

Solution en page 278.

34.

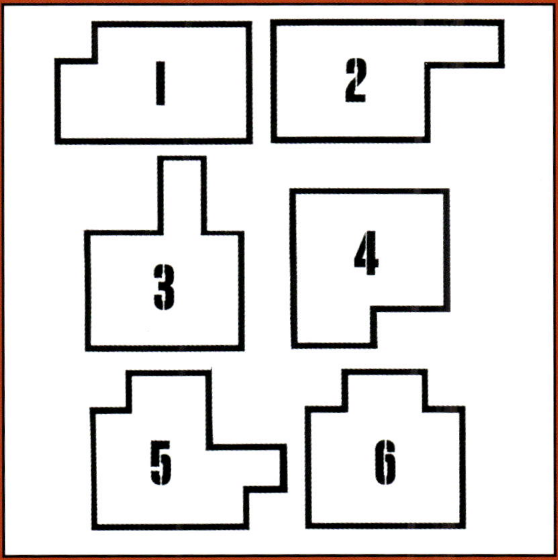

DEUX PAR DEUX

Mettez ces 6 figures deux par deux de manière à créer 3 morceaux de taille et de forme égales.

Solution en page 280.

35.

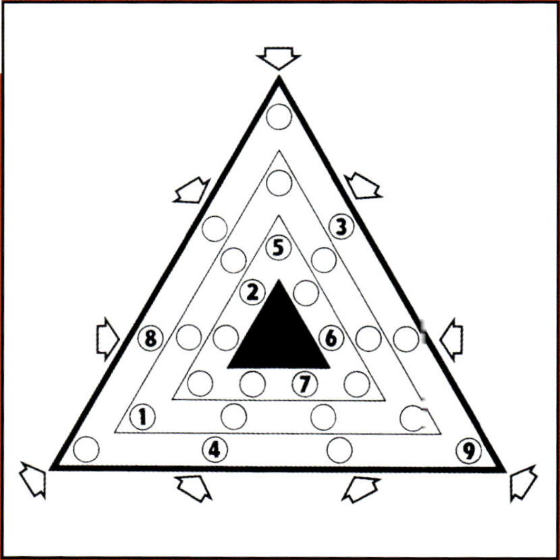

CONCENTRATION CONCENTRIQUE

Chacun des triangles concentriques contient 9 cercles. Pour vous aider, 9 chiffres y sont déjà inscrits. Ajoutez les chiffres manquants afin que :

1) Chaque triangle présente les chiffres de 1 à 9.
2) Chaque côté de chaque triangle (4 cercles) totalise 20 points.
3) Chaque rangée de trois chiffres identifiée par une flèche totalise 15 points.

Solution en page 282.

36.

DIVERSION D'OPTIQUE 1

Dans ce jeu, trouvez les 3 cubes qui contiennent les chiffres de 1 à 9. Pour montrer votre réponse, noircissez simplement toutes les parties inutiles de la pyramide.

Solution en page 283.

(Besoin d'un indice? Allez à la page 56.)

37.

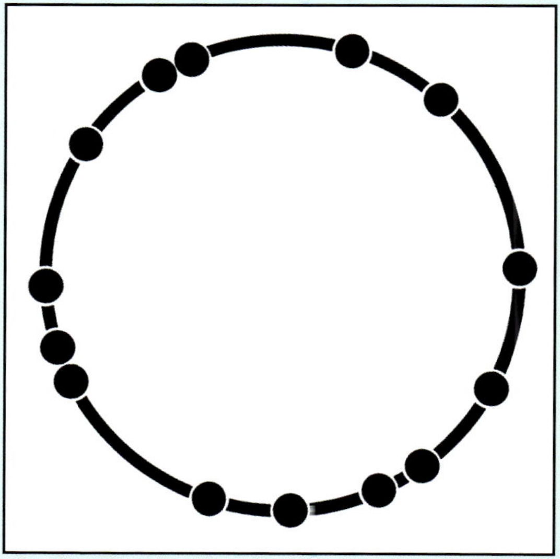

CHASSÉ-CROISÉ

À l'intérieur de ce cercle, créez le plus grand nombre d'intersections possible, soit 21, en traçant 7 lignes droites rattachées aux 14 points en périmètre. Chaque ligne doit relier 2 points. Voici un second défi : combien faut-il de points pour obtenir 10 fois ce nombre d'intersections ? Ce nombre peut être calculé sans tracer le cercle.

Solution en page 285.

38.

RETOURNEMENT TOTAL

Examinez attentivement les 2 nombres à 3 chiffres de ce casse-tête. La somme des 2 nombres totalise 795. Si vous retournez la page à l'envers, vous verrez que le total passe maintenant à 1590, soit exactement le double de l'original (795). Pouvez-vous trouver une autre paire de nombres à 3 chiffres selon ce principe ? Comme dans l'exemple, aucun chiffre ne peut être répété dans un même nombre et aucun nombre ne peut commencer par un 0.

Solution en page 287.

Indice du jeu 28 : Les quatre totaux sont 18, 20, 24 et 26.

39.

SAPIN GARNI

Ce sapin de Noël a été décoré avec une guirlande lumineuse de 31 ampoules. La couleur de 4 d'entre elles est déjà définie. On sait que l'une des douilles est cassée; trouvez-la, afin de pouvoir disposer le reste des ampoules colorées. 1) Utilisez un nombre égal d'ampoules rouges, bleues, jaunes, orange et vertes. 2) Placez ces ampoules sur la guirlande selon un ordre répétitif (ex. : R-B-J-O-V, R-B-J-O-V, etc.). 3) Les 5 ampoules des deux côtés de l'arbre doivent afficher les 5 couleurs

Solution en page 289.

40.

PAS DE CÔTÉ

Voici un jeu stratégique de papier et crayon pour 2 joueurs. Pour gagner, il suffit de créer une impasse permettant de placer le dernier coup. Le jeu commence à n'importe quelle case. Chacun leur tour, les joueurs marquent une case adjacente horizontalement, verticalement ou diagonalement. Dans l'exemple ci-dessus, vous avez les nombres impairs. C'est à vous de jouer et votre défi consiste à provoquer l'impasse qui vous permettra de gagner au onzième coup.

Solution en page 278.

41.

NOMBRES EN TÊTE

La tête A découvre qu'elle peut créer un nombre de 5 chiffres exactement 5 fois plus grand que le nombre de 5 chiffres pouvant être produit par la tête B. Toutefois, la tête B s'aperçoit que son nombre peut être le double de celui de la tête A si elle élimine simplement le 0 de A. Quels sont les nombres que A et B ont en tête ?

Solution en page 280.

42.

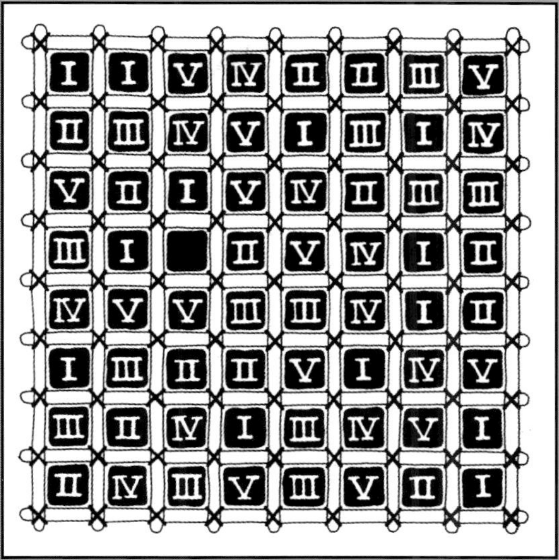

PIERRES ROMAINES 1

Noircissez la surface de 24 pierres et faites en sorte que les 8 rangées et les 8 colonnes contiennent chacune 5 pierres de valeur numérique différente. Une pierre a déjà été noircie pour vous.

Solution en page 282.

43.

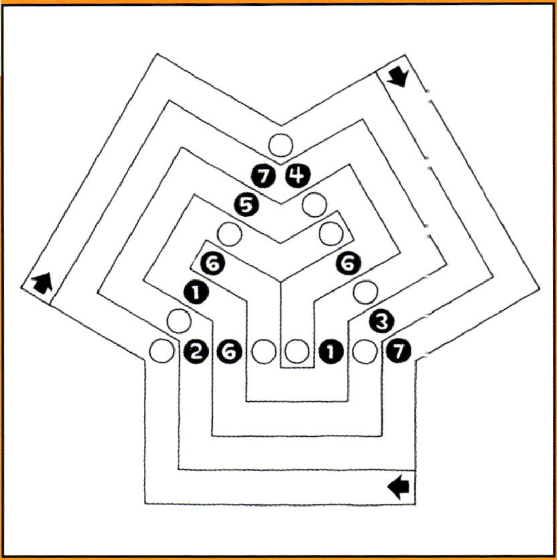

CONVERGENCE

Chaque chemin convergeant vers le centre du jeu doit contenir les chiffres de 1 à 7. Onze chiffres sont déjà placés. Disposez les chiffres manquants de façon que chaque côté du triangle équilatéral totalise 32 points.

Solution en page 283.

44.

VERRES À VOIR

Disposez les chiffres de 1 à 15 sur les 15 verres intacts. Faites en sorte que chaque paire de verres totalise 15 points et que chaque rangée, colonne et diagonale de 4 verres totalise 30 points.

Solution en page 285.

45.

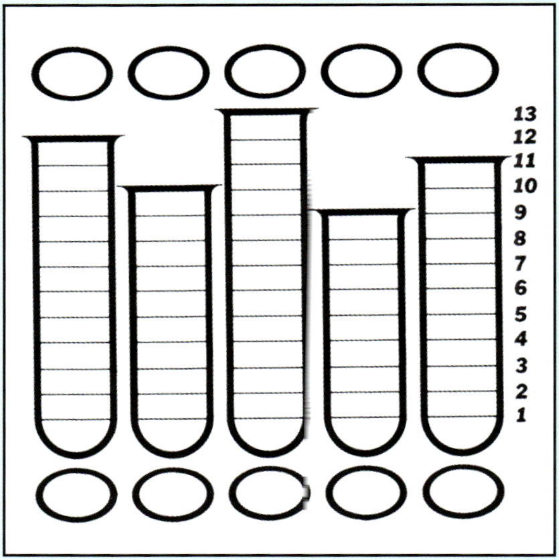

GRADUELLEMENT

Ces 5 éprouvettes sont graduées de 1 à 13 centilitres (à droite de la figure). L'ovale du bas sert à indiquer le nombre de centilitres d'eau contenus, et l'ovale du haut, le nombre de centilitres manquants. Votre défi consiste à remplir les éprouvettes avec un total de 29 centilitres d'eau, en respectant les conditions suivantes : 1) De gauche à droite, chaque éprouvette doit contenir plus d'eau que la précédente. 2) Ensemble, les ovales du haut et du bas doivent montrer les chiffres de 1 à 10.

Solution en page 287.

Indice du jeu 31 Triskaidekaphobes, attention !

46.

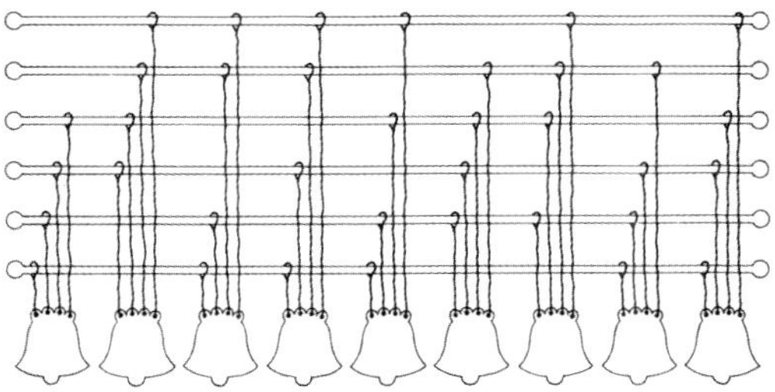

BARRES À CLOCHES

Attribuez à chacune de ces cloches un chiffre différent de 1 à 9. Si les cloches ont les bons chiffres, chaque barre totalisera exactement 30 points. Les fils indiquent à quelles barres le chiffre de chaque cloche doit être additionné.

Solution en page 278.
(Besoin d'un indice ? Allez à la page 64.)

47.

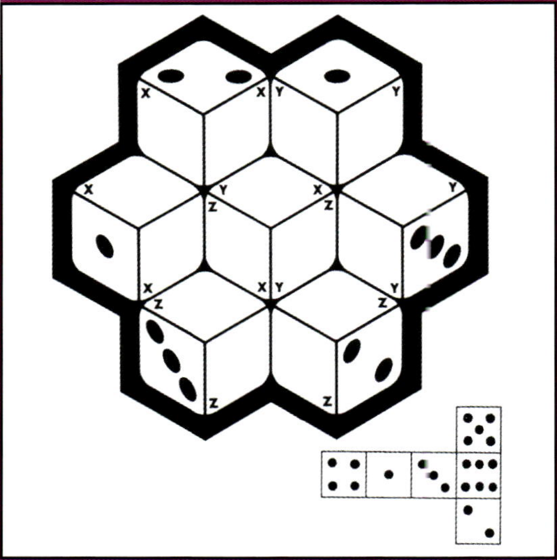

POINTS MANQUANTS

Disposez les points manquants sur ces 7 dés. Faites en sorte que chacune des 3 étoiles à 6 branches, identifiées par les lettres X, Y et Z, montre les 6 faces d'un dé standard. Utilisez la figure dépliée du dé illustré ci-dessus pour résoudre ce casse-tête.

Solution en page 280.

48.

PORTE-À-PORTE

L'ouverture de une des portes numérotées élimine 2 chiffres : celui de la porte elle-même et celui de la porte couverte par la porte ouverte. (Par exemple, l'ouverture de la première porte annule à la fois le 2 de la porte elle-même et le 6 de la porte qu'elle couvre en dessous.) En contrepartie, derrière chaque porte ouverte se trouve un chiffre égal à la moitié de celui de la porte fermée. Pouvez-vous ouvrir quatre portes de manière que toutes les rangées et colonnes totalisent le même nombre de points ?

Solution en page 282.
(Besoin d'un indice ? Allez à la page 65.)

49.

OLYMPIADES

Placez les chiffres de 1 à 9 dans les 9 divisions formées par ces anneaux olympiques, de manière que toute paire d'anneaux en chevauchement totalise 22 points. Il y a 2 solutions possibles.

Solution en page 283.

Indice du jeu 36 : Les cubes que vous cherchez défient la gravité en donnant une vue en contre-plongée (du dessous) plutôt qu'en vue d'ensemble (du dessus).

50.

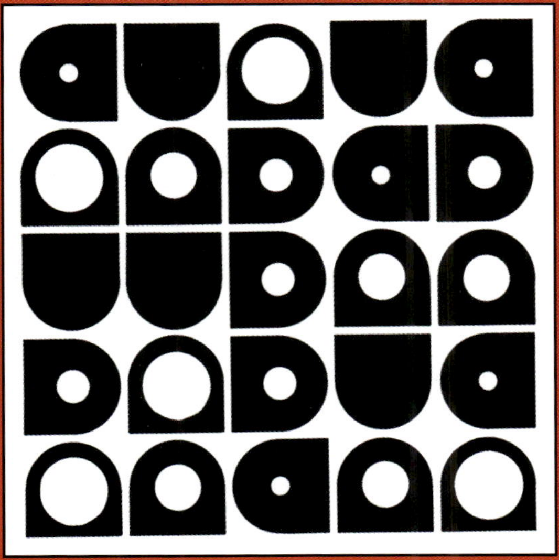

SABOTAGE

On a saboté le motif abstrait de ce casse-tête en permutant 2 formes. Dans le motif original, les 5 types de symboles pouvaient être reliés de façon répétitive par une ligne continue passant d'une forme adjacente à une autre, horizontalement, verticalement ou diagonalement (par exemple, en utilisant des chiffres pour les formes : 1-2-3-4-5, 1-2-3-4-5, etc.). Votre tâche consiste à rétablir le motif original et à tracer la ligne reliant toutes ces formes.

Solution en page 286.

51.

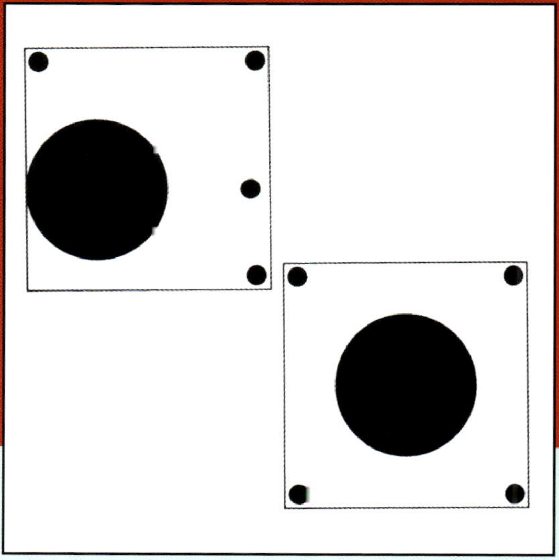

MENUISIER ET VITRIER

Vous devez aider 2 artisans, l'un travaillant le bois et l'autre, le verre, à trouver la meilleure solution pour résoudre ce problème. Chacun d'eux doit découper la figure du haut en un nombre minimal de morceaux pouvant être réarrangés pour former la figure du bas. L'espace blanc est transparent pour le vitrier.

Solution en page 287.

52.

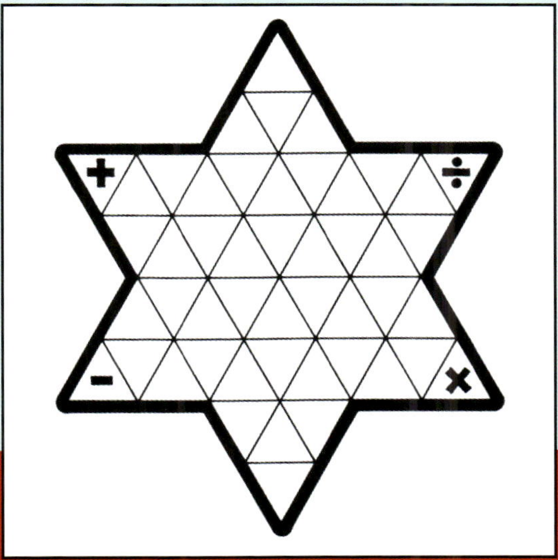

ÉTOILE PARTAGÉE

En utilisant seulement 4 lignes droites, divisez cette étoile à 6 branches en 4 sections, chacune d'elles contenant l'un des symboles mathématiques. Faites en sorte que le résultat de l'opération avec le chiffre 3 et le nombre de triangles soient les mêmes pour toutes les sections. Autrement dit, vous devez arriver au même nombre en ajoutant 3 au nombre de triangles dans la section « addition »; en soustrayant 3 du nombre de triangles dans la section « soustraction »; en multipliant par 3 le nombre de triangles dans la section « multiplication »; et en divisant par 3 le nombre de triangles dans la section « division ».

Solution en page 288.

53.

GLOBE-TROTTER

Vous avez 365 jours pour faire le tour du monde. Le circuit doit comporter 27 arrêts, symbolisés par les 27 carrés entourant le globe. Vous devez planifier votre voyage en choisissant 2 nombres qui représenteront à la fois le nombre d'arrêts que vous ferez et le nombre total de jours que vous passerez à chaque arrêt. Par exemple, si l'un de vos nombres est 10, vous devrez faire 10 arrêts et passer 10 jours à chaque arrêt, soit 100 jours au total. Votre tâche consiste donc à trouver 2 nombres créant un total combiné de 27 arrêts et utilisant un total de 365 jours.

Solution en page 282.

54.

TAPIS NAVAJO

Divisez ce tapis en 9 morceaux de forme et de taille égales. Le même motif doit se répéter sur tous les morceaux.

Solution en page 281.

55.

TRIANGLES CLOUTÉS

Un menuisier économe, mais doué d'un sens de la géométrie esthétique, a découvert un moyen d'utiliser seulement 6 clous pour assujettir 9 morceaux de bois. Aucun morceau ne peut bouger grâce à ces clous, dont la disposition forme 4 triangles équilatéraux. Comment le menuisier s'y est-il pris ?

Solution en page 284.

56.

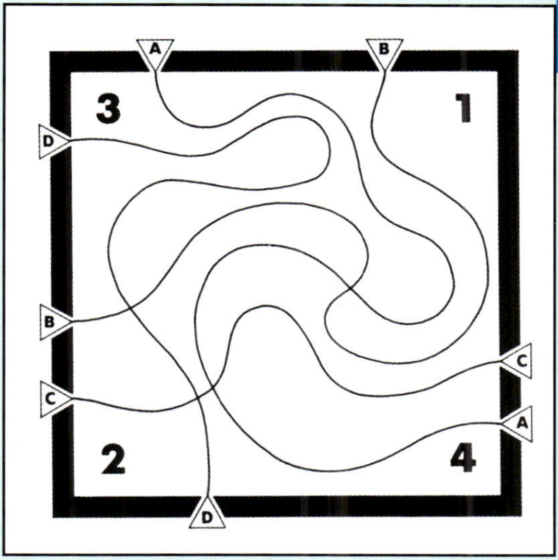

COUPS DE FOUET

Quatre fouets (AA, BB, CC et DD) divisent ce tableau en 9 espaces de forme irrégulière. Six espaces bordent chaque fouet. Vous devez disposer les chiffres de 1 à 9 dans ces espaces, de manière que tous ceux qui bordent chaque fouet totalisent 30 points. Les chiffres de 1 à 4 sont déjà en place.

Solution en page 286.

57.

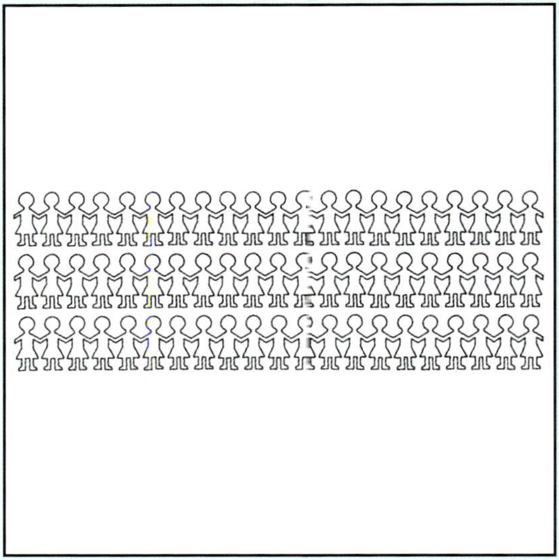

POUPÉES GROUPÉES

Pour chacune des trois rangées de 21 poupées de papier, faites deux coupures divisant la rangée en 3 groupes, selon un nombre qui, placé dans les deux espaces vides, complète et vérifie l'énoncé mathématique suivant :
Le nombre de poupées du groupe de gauche est ___ fois plus grand que celui du groupe du milieu; le nombre de poupées du groupe du milieu est aussi ___ fois plus grand que celui du groupe de droite.

Solution en page 289.

Indice du jeu 46 : Commencez par un 3 sur la première cloche.

58.

TIR PRÉCIS

Il y a 26 viseurs dans ce jeu. À l'aide d'un compas ou d'un morceau de fil, tracez 6 arcs de rayon égal de manière que chaque réticule de visée soit traversé par au moins l'un d'eux.

Solution en page 279.

Indice du jeu 48 : Chaque rangée et chaque colonne doivent totaliser 20.

59.

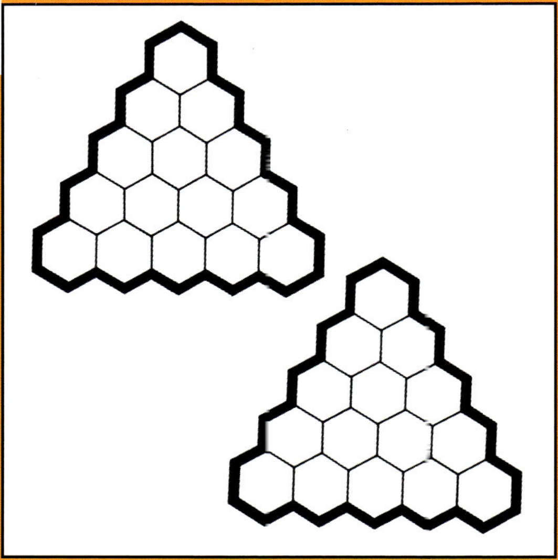

EX ÆQUO

Il y a deux façons de résoudre ce problème de topologie. En utilisant le moins de couleurs possible, coloriez les 15 hexagones en respectant les conditions suivantes : 1) Les hexagones adjacents ne peuvent pas être de la même couleur. 2) Les hexagones de couleur identique doivent être équidistants les uns des autres.

Solution en page 281.

(Besoin d'un indice? Allez à la page 72.)

60.

TRIPLE V

Découpez la figure triangulaire du haut en 3 morceaux en forme de V qui, une fois assemblés de nouveau, donneront la figure du bas montrée à échelle réduite.

Solution en page 282.

61.

DIVISEURS COMMUNS

À part le 1, pouvez-vous trouver 3 nombres entiers pouvant diviser chacun des 9 nombres à 3 chiffres de ce casse-tête ?

Solution en page 286.

62.

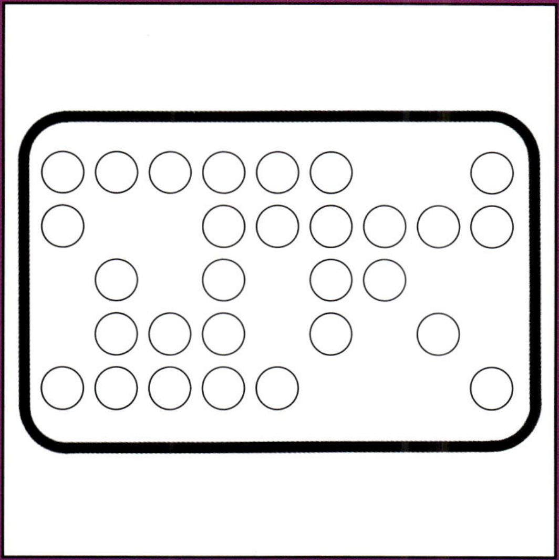

PRISE SIX

Il y a 29 cercles dans ce jeu. Votre défi consiste à retirer 6 cercles et à en laisser 6.

Solution en page 279.

(Besoin d'un indice? Allez à la page 74.)

63.

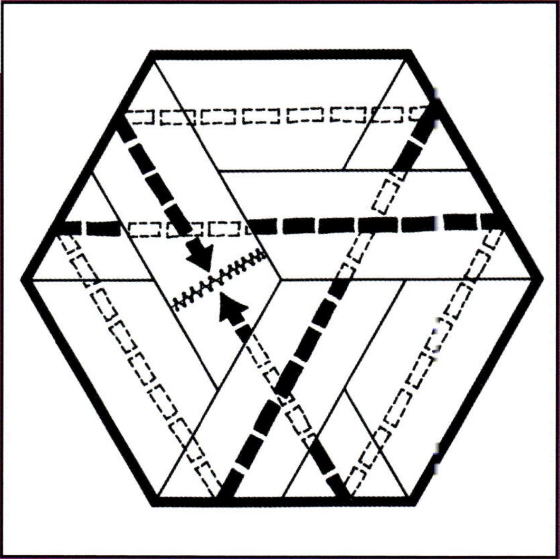

BANDE À PART

L'illustration montre une bande de papier qui a été pliée et cousue aux extrémités. Trouvez la meilleure façon de déterminer la longueur approximative de la bande dépliée, sachant que sa largeur est de 2,22 cm.

Solution en page 282.

64.

ROSES CAPTIVES

Il y a 15 roses dans ce jeu. Votre défi consiste à tracer 4 cercles qui renfermeront un nombre impair de roses. Par ailleurs, chaque cercle devra contenir un nombre différent de roses. Aucun cercle ne pourra toucher ou croiser un autre cercle.

Solution en page 285.

65.

568	71	4	103	236	=	1000
24	618	15	9	70	=	1000
203	65	64	168	9	=	1000

GRAND CHELEM

Voici 3 défis distincts. Pour chaque équation, insérez les 4 différents signes mathématiques (addition, soustraction, multiplication et division) entre les cases de façon à obtenir un résultat de 1000. Vous devez effectuer chaque calcul dans l'ordre des opérations.

Solution en page 289.

Indice du jeu 59 : Chaque couleur doit former un triangle équilatéral.

66.

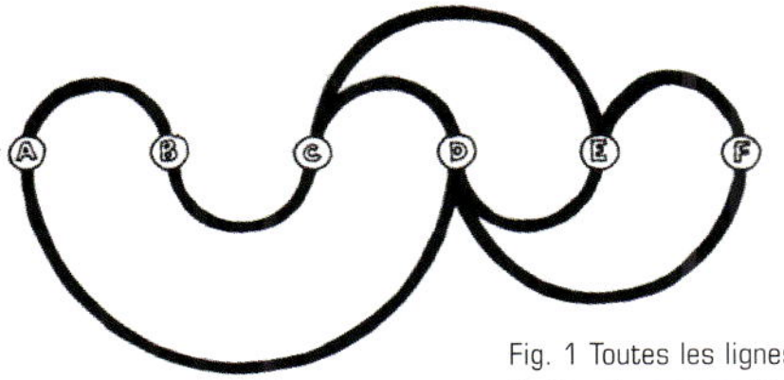

Fig. 1 Toutes les lignes sont égales. Il y a au moins 3 angles de 90°.

Fig. 2 Utilisez seulement deux longueurs de ligne différentes.

GÉOMÉTRIE VARIABLE 1

Voici 2 figures géométriques ayant subi une distorsion, ce qui rend leur forme originale méconnaissable au premier coup d'œil. Votre tâche consiste à tendre toutes les lignes de chaque figure pour révéler leur forme initiale. Les lettres encerclées désignent l'intersection d'au moins 2 lignes. Des indices essentiels sont donnés pour chaque figure.

Solution en page 284.

67.

ESPACE-DENTS

Ce jeu vous permettra de réviser vos connaissances en mécanique. Faites tourner la grande roue dentée de droite dans le sens de la flèche, jusqu'à ce que le chiffre 3 soit à la place présentement occupée par le chiffre 4. Trouvez ensuite les 3 dents qui s'emboîteront à chacun des 5 points de jonction des roues.

Solution en page 286.

Indice du jeu 62 : Le noircissement de différents cercles peut littéralement vous aider à voir les choses plus clairement.

68.

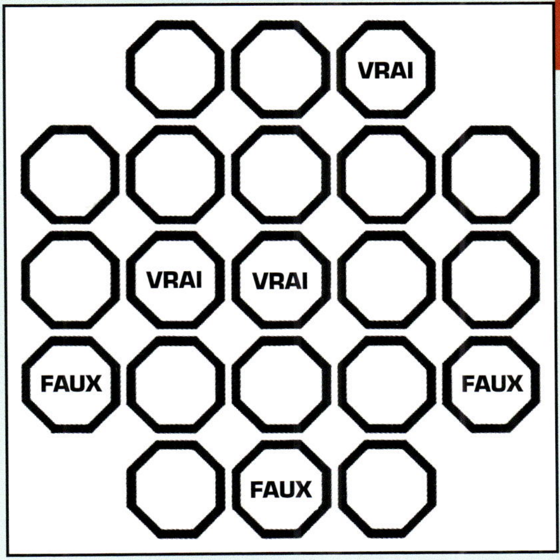

LEÇON DE VÉRITÉ

Divisez cette configuration de 21 octogones en trois morceaux de 7. Puis séparez les morceaux et réarrangez-les de façon à reconstituer la configuration originale d'octogones, avec les exceptions suivantes : 1) Les VRAI doivent être adjacents et en ligne droite. 2) Les FAUX doivent être adjacents et en ligne droite.

Solution en page 288.

69.

CAKE-WALK MATHÉMATIQUE 1

Trente et un carrés constituent les pas de ce cake-walk mathématique en forme de 8 couché. Tous les carrés sont numérotés de la manière suivante : en partant du carré central du 0, on avance de un pas et on inscrit un 1; on avance de 2 pas et on inscrit un 2, et ainsi de suite, en procédant consécutivement jusqu'à ce que tous les carrés soient remplis. On continue dans la même direction en traversant toujours l'intersection. On peut passer plusieurs fois sur des carrés déjà numérotés, sans toutefois s'y arrêter de nouveau. Mathématiquement, le premier million de nombres de notre système numérique permet de construire moins de 20 cake-walks de ce type. Voyez si vous pouvez créer les cake-walks immédiatement plus petit et plus grand.

Solution en page 279.

70.

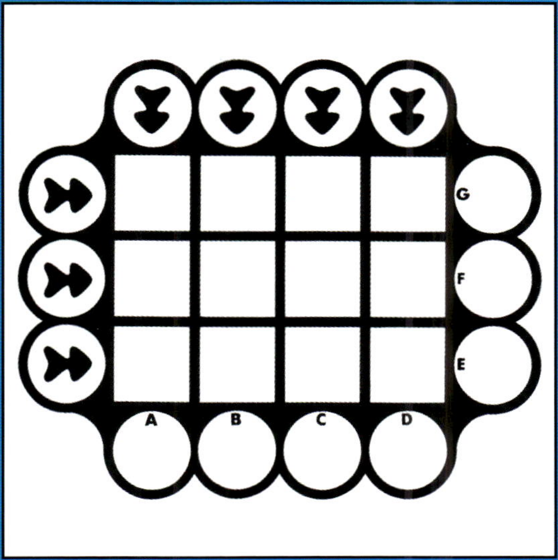

DÉCISION CONSÉCUTIVE

En partant de la lettre A, disposez une série de 7 nombres consécutifs du plus petit au plus grand dans les 7 cercles. Ensuite, choisissez une autre série de 12 nombres consécutifs et placez-les dans les 12 cases, pour que la somme des nombres de chaque rangée et de chaque colonne soit égale au nombre du cercle correspondant.

Solution en page 281.

(Besoin d'un indice ? Allez à la page 78.)

71.

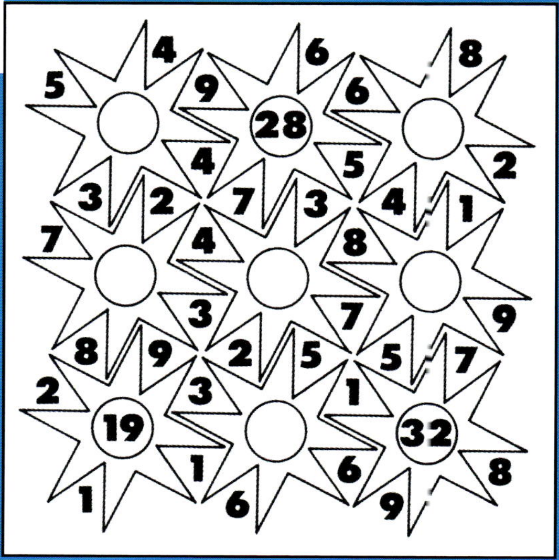

COUP DE SOLEIL

Mettez les 6 nombres manquants dans les 6 taches solaires vides. Trois totaux ont été placés pour vous indiquer la bonne « direction ». Les 36 chiffres satellites déterminent les totaux des 9 taches solaires.

Solution en page 284.

Indice du jeu 70: Le 9 a sa place dans le jeu.

CHAPITRE

2

Casse-têtes problématiques

1.

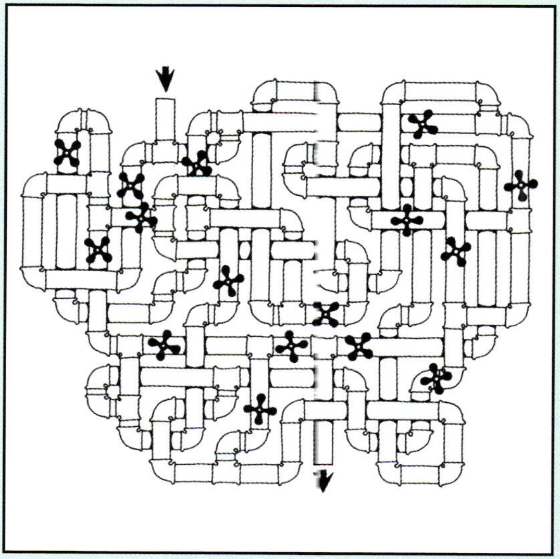

LABYRINTHE D'EAU 1

Ouvrez le nombre minimal de robinets permettant à l'eau de circuler d'une flèche à l'autre. Au début du jeu, tous les robinets sont fermés.

Solution en page 292.

(Besoin d'un indice? Allez à la page 82.)

2.

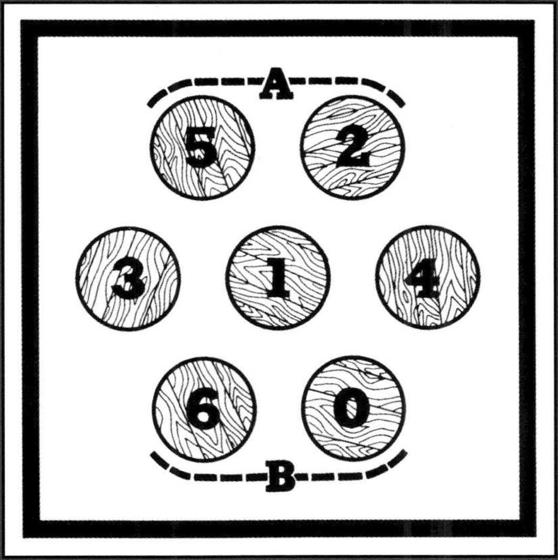

DOUBLE CIRCUIT

Tracez 2 circuits fermés autour des barils, en faisant en sorte que le circuit A comprenne 2 fois plus de barils et 2 fois plus de points que le circuit B. Il y a plusieurs solutions à bas pointage, mais votre défi consiste à encercler le plus grand nombre de barils et de points pour le circuit A.

Solution en page 293.

(Besoin d'un indice ? Allez à la page 85.)

3.

COURSE SUR PATTES

Sept teckels participant à un 100 mètres portent des dossards numérotés de 1 à 7. Pour déterminer la position de chaque teckel à l'arrivée, vous devez insérer ces 7 chiffres dans les 7 équations suivantes :

1re place	+	4e place	=	2e place	+	5e place
4e place	+	6e place	=	1re place	+	5e place
1re place	+	2e place	=	5e place	+	6e place
2e place	+	6e place	=	3e place	+	5e place
2e place	+	3e place	=	1re place	+	6e place
1re place	+	3e place	=	2e place	+	7e place
3e place	+	6e place	=	1re place	+	7e place

Solution en page 294.

Indice du jeu 1 : Ouvrez trois robinets.

4.

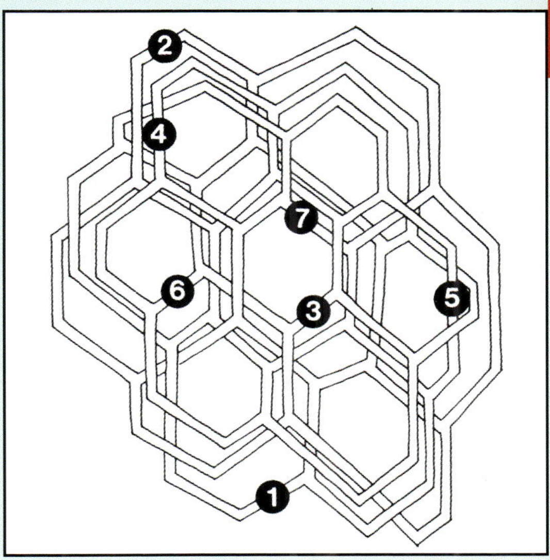

NID D'HEXAGONES

À partir du chiffre 1, tracez un circuit allant d'un chiffre consécutif à l'autre et retournant au chiffre 1. N'empruntez un chemin que une seule fois.

Solution en page 296.

5.

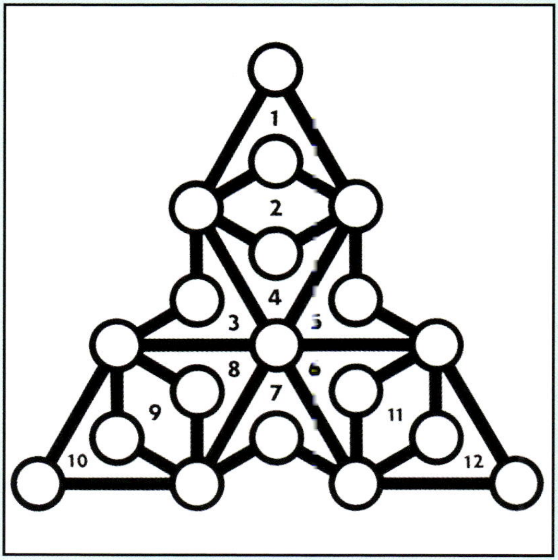

NOMBRE DE NOMBRES

Disposez des chiffres de 1 à 4 dans les 19 cercles de ce casse-tête, en respectant les conditions suivantes : 1) Chacun des 12 quadrilatères identifiés doit contenir les chiffres 1, 2, 3 et 4. 2) Le total des chiffres du périmètre de l'étoile à 6 branches (constituée des morceaux 3, 4, 5, 6, 7 et 8) au centre du jeu doit être le plus bas possible.

Solution en page 297.
(Besoin d'un indice? Allez à la page 87.)

6.

CANARDS D'EAU 1

Il y a 3 types différents de canardeaux dans cette figure. Placez 6 autres canardeaux dans cette mare bidimensionnelle de manière que chacune des 5 rangées et des 5 colonnes présente les 3 types de canardeaux.

Solution en page 299.

Indice du jeu 2 : A encercle complètement B.

7.

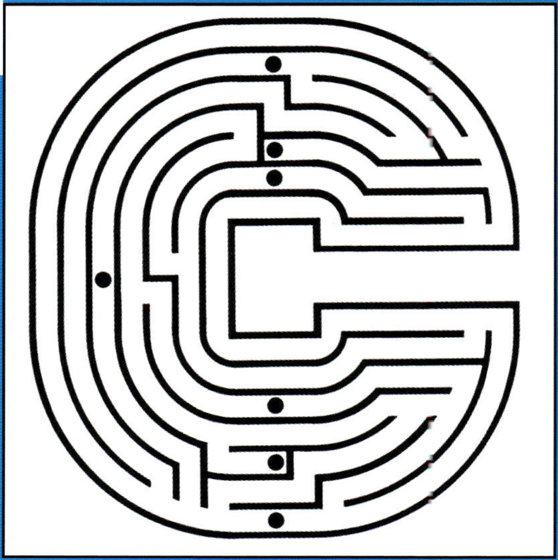

VITAMINE C

Circulez dans ce labyrinthe en forme de C en reliant chacun des 6 points par une ligne continue. N'utilisez une voie ou une intersection que une fois. Vos points de départ et d'arrivée se trouvent dans les 2 culs-de-sac.

Solution en page 295.

8.

SENS DESSUS DESSOUS

Tracez 2 trajets dans ce labyrinthe de routes entre-tissées. Chaque trajet doit être une boucle fermée encerclant 2 R identiques. Ne passez sur une route que une seule fois.

Solution en page 293.

Indice du jeu 5 : Placez un 4 dans le cercle central.

9.

BONS BONBONS

Déterminez le nombre de bonbons dans chaque bocal d'après les indices suivants : 1) En tout, il y a 221 bonbons. 2) Les bonbons à l'anis équivalent au $^{1}/_{3}$ des bonbons au café. 3) Les bonbons au lait équivalent au $^{1}/_{3}$ des bonbons à l'anis. 4) Les bonbons au miel équivalent au $^{1}/_{3}$ des bonbons au café et à l'anis.

Solution en page 298.
(Besoin d'un indice ? Allez à la page 91.)

10.

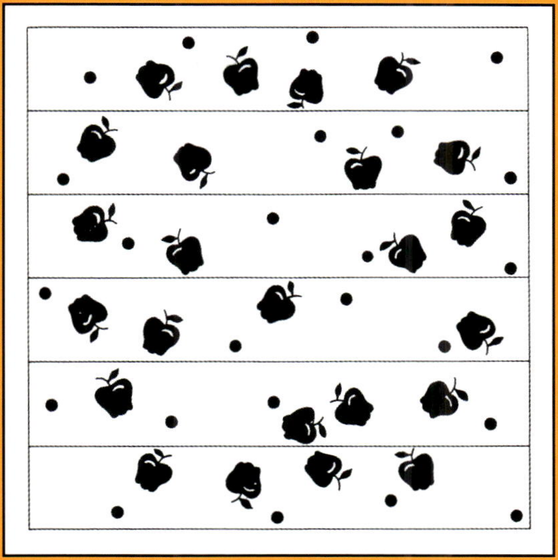

POMMES DÉFENDUES

Reliez 5 trous de nœuds par 5 lignes droites pour créer six divisions contenant une pomme chacune. Chaque pomme doit provenir d'une planche différente.

Solution en page 295.
(Besoin d'un indice? Allez à la page 94.)

11.

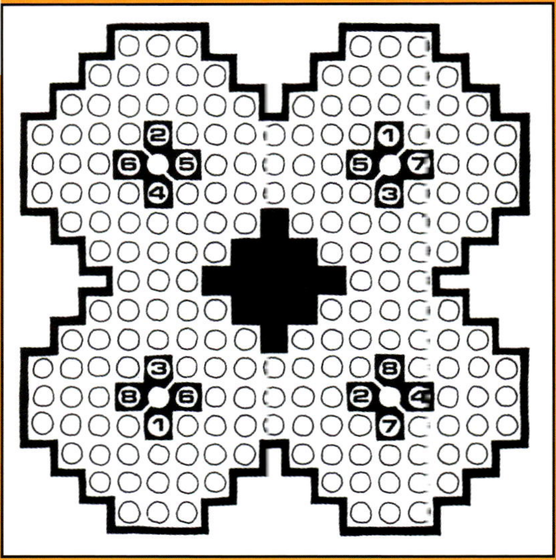

MAILLONS EN CROIX

En reliant le moins de maillons possible, construisez 8 chaînes distinctes allant de 1 à 1, 2 à 2, etc. Pour tracer une chaîne, allez d'un maillon adjacent à un autre, horizontalement, verticalement ou diagonalement. Aucune chaîne ne doit en croiser une autre. Note : Chaque base de 4 chiffres permet un passage en diagonale par son maillon central.

Solution en page 297.

12.

OUI OU NON

Tracez 2 chemins dans ce labyrinthe d'indécision en utilisant une même séquence de 7 «OUI, NON». Un chemin doit aller de A à B et l'autre, de X à Y. Les mêmes passages et mots peuvent être partagés.

Solution en page 299.

Indice du jeu 9 : Il y a 65 bonbons au café de plus que de bonbons au miel.

13.

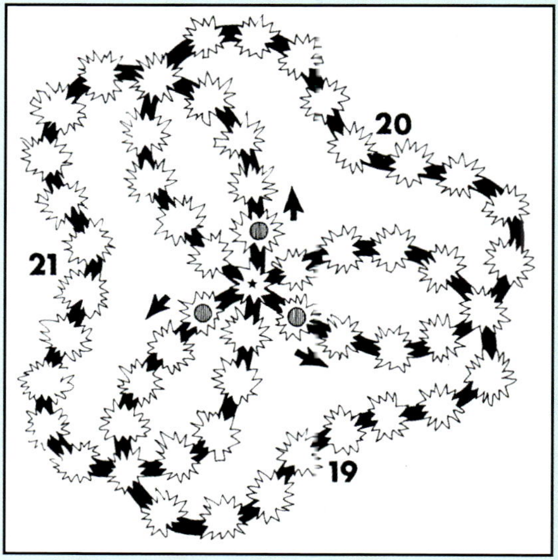

BALISES MOUVANTES

Voici une figure illustrant 3 chemins entrelacés, chacun contenant le nombre d'espaces indiqué. Les 3 balises ombrées se déplaceront toutes en même temps, un espace à la fois et dans le sens contraire des aiguilles d'une montre, le long de leur propre parcours en forme de guirlande. Combien de pas leur faudra-t-il pour se rejoindre à l'intersection centrale identifiée par l'étoile ?

Solution en page 292.

14.

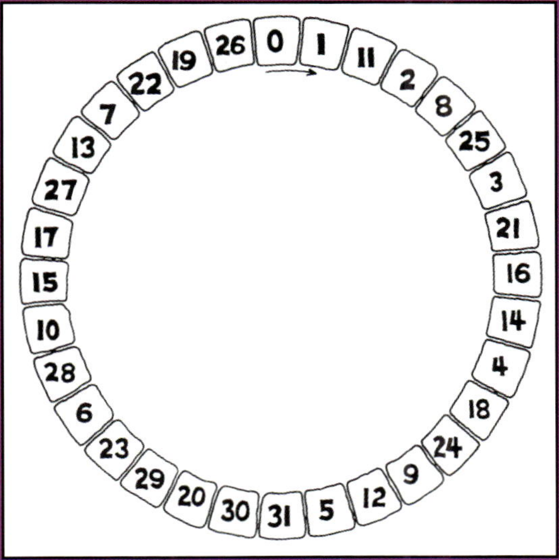

CAKE-WALK MATHÉMATIQUE 2

Trente-deux carrés constituent les pas de ce cake-walk mathématique. Tous les carrés sont numérotés de la manière suivante : en partant du carré central du 0, on avance de un pas et on inscrit un 1; on avance de deux pas et on inscrit un 2, et ainsi de suite, en procédant consécutivement jusqu'à ce que tous les carrés soient remplis. On peut passer plusieurs fois sur des carrés déjà numérotés, sans toutefois s'y arrêter de nouveau. Mathématiquement, le premier million de nombres de notre système numérique permet de construire moins de 20 cake-walks de ce type. Voyez si vous pouvez créer les cake-walks immédiatement plus petit et plus grand.

Solution en page 301.

15.

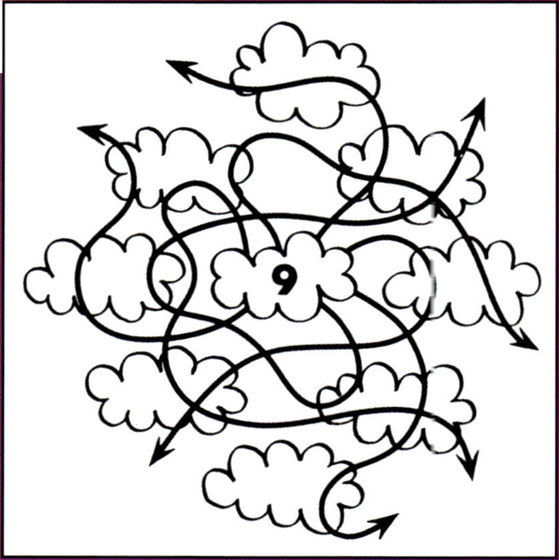

NUAGE NEUF

Numérotez ces 8 nuages vides de 1 à 8. À partir du nuage 9, faites en sorte que les nuages balayés par chaque courant de vent totalisent exactement 9 points. Ne tenez pas compte du nuage 9 dans vos calculs.

Solution en page 301.

(Besoin d'un indice? Allez à la page 96.)

Indice du jeu 10 : Les 5 lignes droites créent une étoile à 5 branches.

16.

PANIQUE AU POULAILLER

Soudainement affolés, quelques poulets s'envolent des poulaillers C, E, G et I et se retrouvent dans les 5 autres. Lorsque la poussière retombe, il n'y a plus le même nombre de poulets dans chaque poulailler, chacun des carrés de 4 poulaillers (ex. : ABDE) contenant maintenant 21 poulets au lieu des 20 montrés dans l'illustration. Comment sont-ils répartis ?

Solution en page 295.

(Besoin d'un indice? Allez à la page 97.)

17.

FLÈCHES EN BLANC

En utilisant les chiffres de 1 à 5 trois fois chacun, numérotez les 15 flèches en respectant les conditions suivantes : 1) Chaque groupe de 3 flèches convergentes doit totaliser neuf points. 2) Chaque groupe de 2 flèches dos à dos doit totaliser 6 points.

Solution en page 297.

Indice du jeu 15 : Placez le 8 dans le nuage du haut.

18.

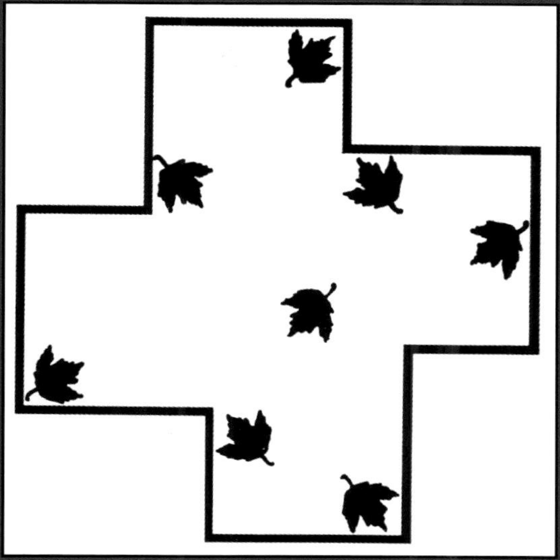

FEUILLES DE « T »

Divisez cette figure en 8 morceaux de taille et de forme égales de manière que chacun d'eux contienne une feuille.

Solution en page 296.

(Besoin d'un indice? Allez à la page 103.)

Indice du jeu 16 : Le poulailler A contient 5 poulets.

19.

BLOCAGE

Voici un jeu de stratégie stimulant pour 2 joueurs. Le jeu débute au bout surlié à droite et se poursuit en rattachant les bouts libres de façon à former une longueur de corde onduleuse. Chaque coup consiste à dessiner le haut d'une boucle pouvant se relier à un segment de corde inutilisé du dessous. Les joueurs jouent à tour de rôle, en tentant de mettre leur adversaire dans une position où il est impossible de faire un raccord sans croiser un segment de corde déjà en place.

La figure montre un exemple de jeu en cours. C'est à vous de jouer. À partir du point noir, faites un raccord qui vous assurera une victoire en un nombre minimal de coups. Pour commencer un nouveau jeu, placez une feuille blanche sur les boucles du haut et dessinez vos raccords au crayon.

Solution en page 299.

20.

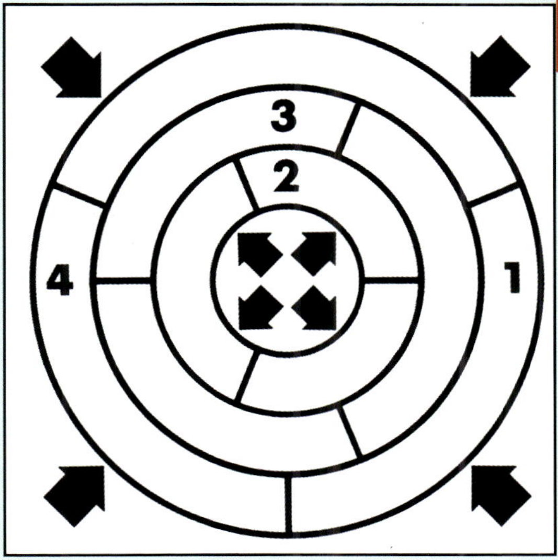

EN TOUTE ÉGALITÉ

Inscrivez les chiffres restants de la série de 1 à 9 dans les 5 divisions vacantes. Faites en sorte que toutes les sommes de chiffres entre les paires de flèches vis-à-vis soient identiques et les plus élevées possible.

Solution en page 300.

(Besoin d'un indice ? Allez à la page 101.)

21.

COUPE-FEU

Entrez dans le labyrinthe et éteignez la boule de flammes en recourant aux 6 méthodes d'extinction proposées. Commencez et finissez aux 2 points situés au bas des flammes. Pour réussir votre mission, vous ne devez emprunter un passage que une seule fois.

Solution en page 292.

22.

5 DE TENSION

Circulez dans ce labyrinthe en forme de 5 en reliant chacun des 6 points par une ligne continue. N'utilisez une voie ou une intersection que une seule fois. Vos points de départ et d'arrivée se trouvent dans les 2 culs-de-sac.

Solution en page 293.

Indice du jeu 20 : Le total le plus élevé est de 17 points.

23.

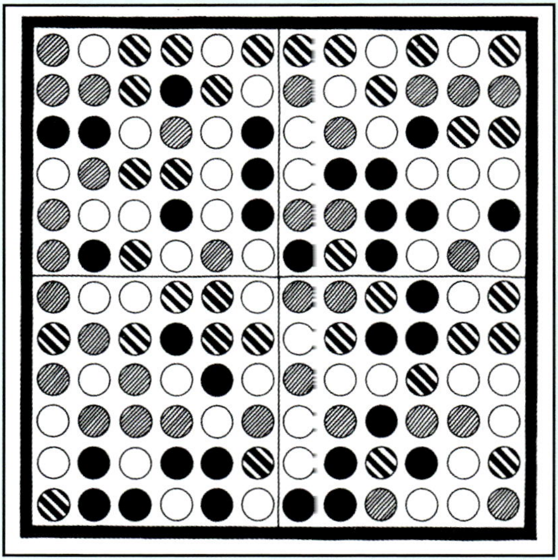

REMANIEMENT ÉLECTORAL INVERSÉ

Le tableau est présentement divisé en 4 circonscriptions et chacune renferme une majorité de ronds blancs. Redessinez les lignes pour former 4 nouvelles circonscriptions de taille et de forme égales, de façon que chacune des 4 couleurs soit majoritaire dans une circonscription.

Solution en page 300.

24.

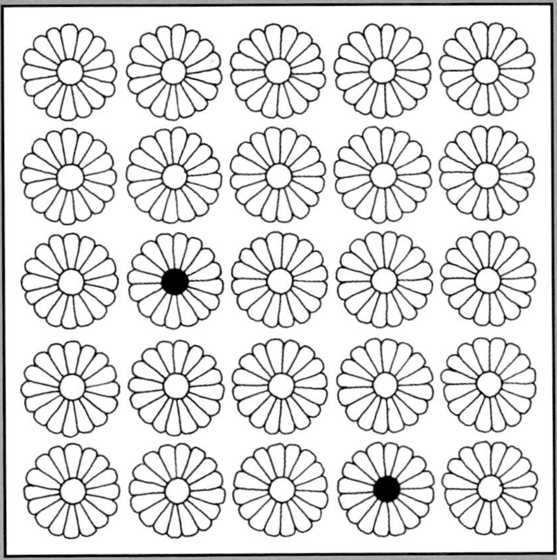

COUP DE CŒUR

Sans lever votre crayon, reliez tous les cœurs des fleurs en traçant seulement 8 lignes droites. Les deux fleurs au cœur noir sont vos points de départ et d'arrivée.

Solution en page 300.

Indice du jeu 18 : Au cas où vous ne l'auriez pas deviné, les divisions sont en forme de « T ».

25.

TANKS À PLACER

Un commandant doit positionner tous ses tanks en une formation rectangulaire de colonnes et de rangées, en observant l'ordre stratégique suivant : « Si tous les tanks dans le périmètre de la formation sont envoyés au combat, il y aura exactement 2 fois plus de tanks en réserve qu'au combat. » Quel est le nombre minimal de tanks requis et comment ces tanks sont-ils positionnés ?

Solution en page 298.

(Besoin d'un indice ? Allez à la page 106.)

26.

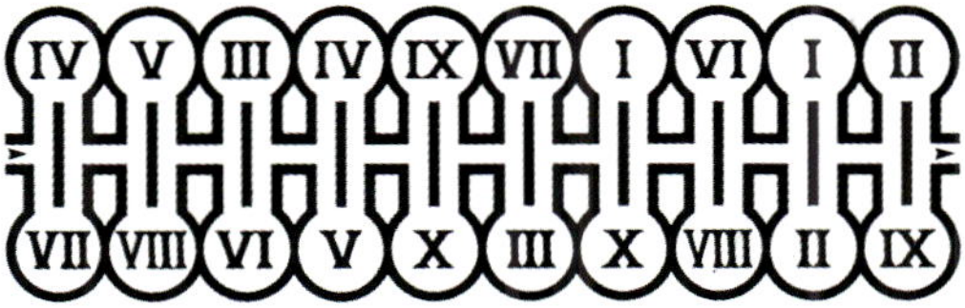

ROMAINS ERRANTS

Entrez à gauche et sortez à droite, en reliant une série de chiffres romains de 1 à 10. Ne parcourez un passage ou un cul-de-sac que une seule fois. Il y a 4 solutions possibles.

Solution en page 301.

27.

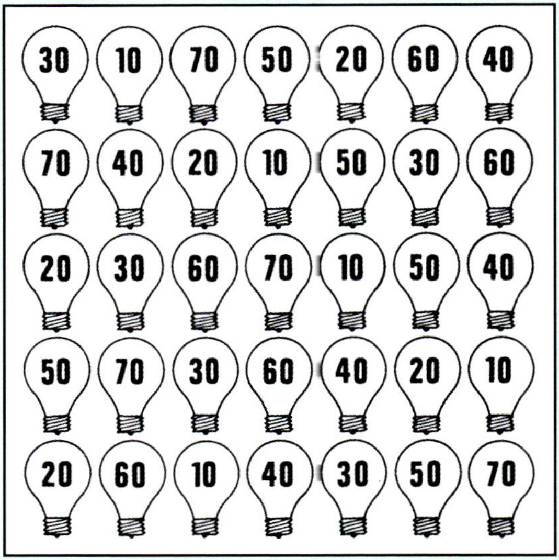

AMPOULES BRÛLÉES

Brûlez 15 ampoules de manière que chaque colonne totalise 100 watts et chaque rangée 140 watts.

Solution en page 292.

Indice du jeu 25 : Il y a plus de 100 tanks.

28.

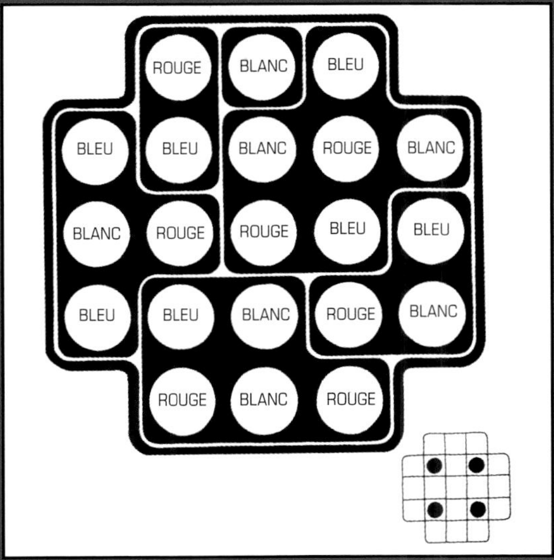

CARRÉS PATRIOTIQUES

Réarrangez les 6 morceaux de ce casse-tête pour former 3 solutions différentes. Dans chaque cas, créez un carré (voir illustration) ayant tous les coins d'une même couleur, soit 4 coins rouges, 4 coins blancs et, finalement, 4 coins bleus.

Solution en page 293.

29.

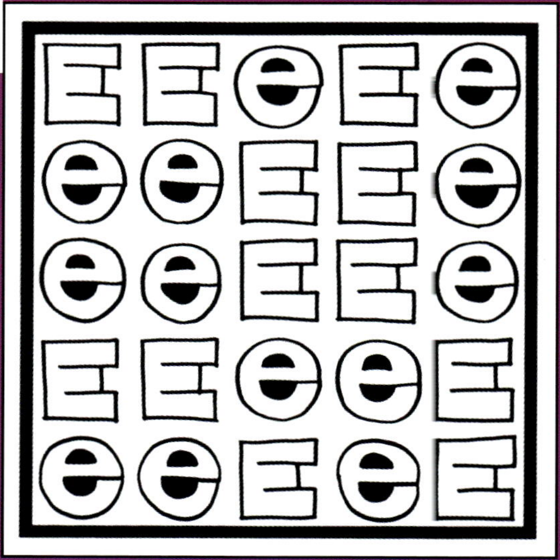

DE QUOI ROUGIR

Dans ce jeu, il s'agit simplement de colorier 10 des 27 lettres en rouge. Toutefois, il faut observer les règles suivantes : 1) Chaque colonne doit contenir 2 lettres rouges non adjacentes. 2) Une lettre doit être un E majuscule et l'autre, un e minuscule.

Solution en page 296.

30.

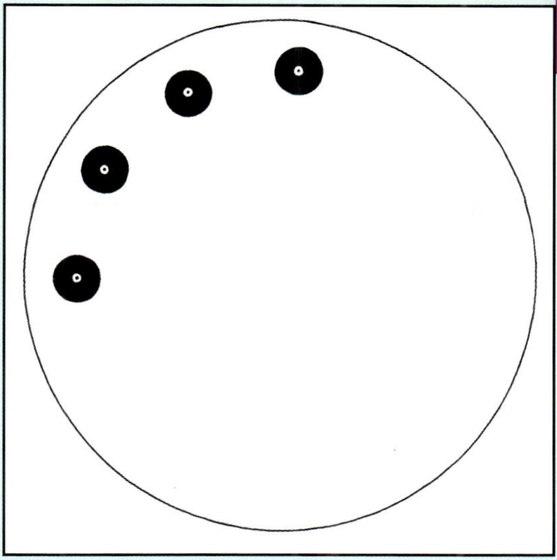

ARC-EN-CERCLE

À l'aide de 2 arcs tracés au compas, divisez ce cercle en 3 morceaux pouvant être assemblés en un nouveau cercle et dans lequel les 4 disques seront disposés en ligne droite.

Solution en page 298.

31.

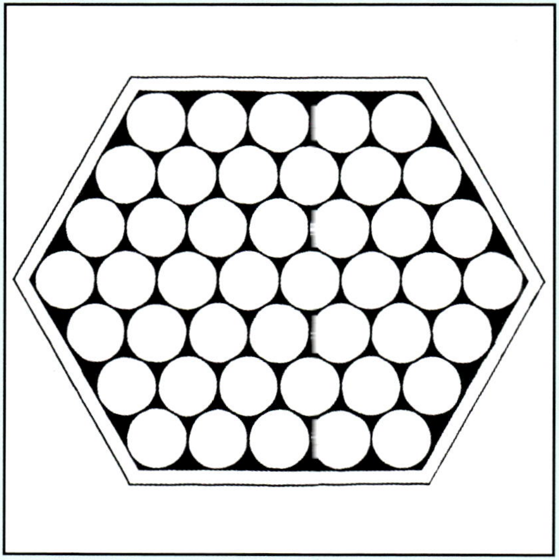

DISQUE-JOCKEY

L'illustration montre 44 disques enfermés dans un hexagone, dont les côtés accueillent 4, 4, 5, 4, 4 et 5 disques. Pouvez-vous créer un autre hexagone de 44 disques dont les côtés contiennent 2, 3, 4, 5, 6 et 7 disques dans un ordre quelconque ?

Solution en page 301.

32.

CONFUSION TOTALE 1

Allez de A à B en marquant le moins de points possible. Les passages composant le jeu passent les uns sur les autres, mais ne se croisent qu'aux cercles.

Solution en page 292.

(Besoin d'un indice ? Allez à la page 112.)

33.

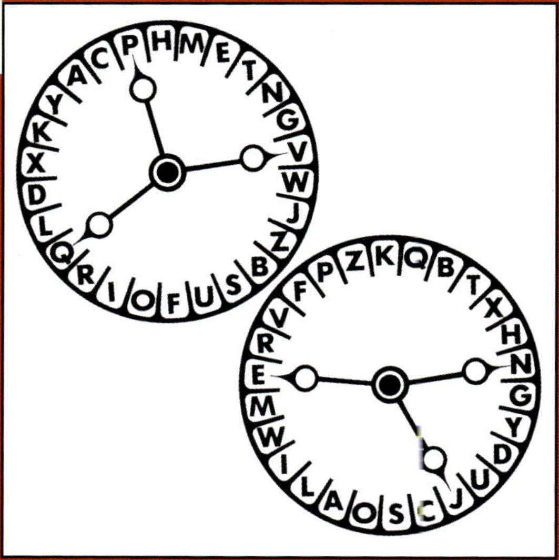

TROIS PAR TROIS

Les 26 lettres de l'alphabet apparaissent sur chacun de ces 2 cadrans. Votre tâche consiste à tourner les 2 aiguilles triples de manière qu'elles indiquent les mêmes 3 lettres.

Solution en page 300.

Indice du jeu 32 : Le total le plus bas est de 5 points.

34.

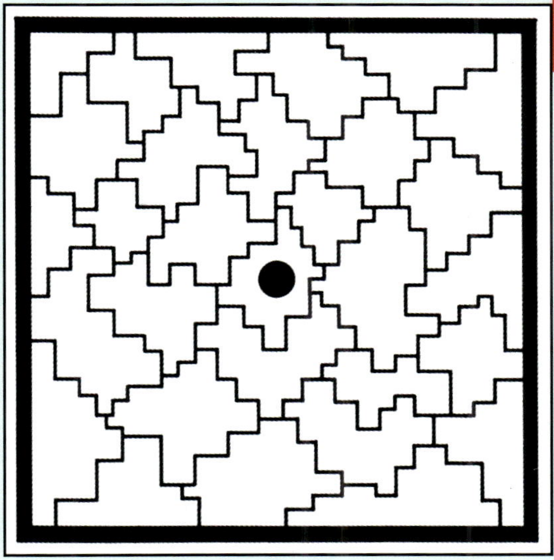

MARCHE À SUIVRE

Dans ce labyrinthe d'escaliers, trouvez la sortie la plus proche en contournant le point pivot central. Le côté du carré que vous choisirez pour entrer sera celui par lequel vous devrez sortir. Calculez votre distance en comptant chaque marche, c'est-à-dire chaque déplacement horizontal et vertical. N'utilisez une marche que une seule fois.

Solution en page 294.

(Besoin d'un indice ? Allez à la page 115.)

35.

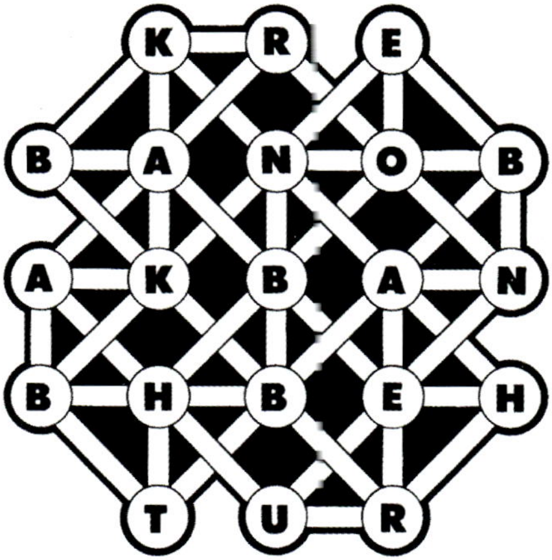

FRAPPEUR DE BASE-BALL

FIGURE CÉLÈBRE

Dans ce réseau de voies entrecroisées se cachent le nom et le prénom d'une personne connue. Un indice sur son identité apparaît sous la figure. Choisissez une lettre de départ et reliez les lettres de son nom avec une ligne continue. N'utilisez une lettre ou une voie que une seule fois.

Solution en page 294.

36.

7 CHANCEUX

Circulez dans ce labyrinthe en forme de 7 en reliant chacun des 6 points par une ligne continue. N'utilisez une voie ou une intersection que une seule fois. Vos points de départ et d'arrivée se trouvent dans les deux culs-de-sac.

Solution en page 295.

Indice du jeu 34 : Le chemin le plus court comprend 49 marches.

37.

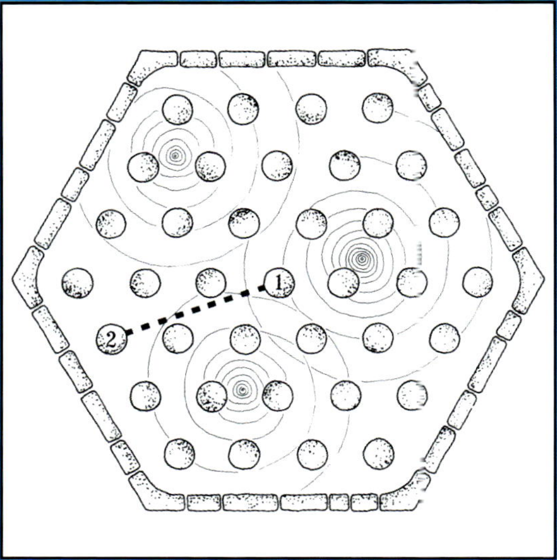

CAVALIER SOLITAIRE

Tel un cavalier sur un échiquier, vous devez avancer à pas équidistants d'un parallélogramme de 2 x 3 pierres à l'autre. Indiquez vos déplacements par une longue diagonale, comme le montre l'illustration du premier pas de la pierre 1 à la pierre 2. Votre circuit doit vous mener à chacune des pierres de cette mare avant votre retour à la pierre centrale. Vous ne pouvez marcher sur une pierre que une seule fois, sauf à votre arrivée sur la pierre centrale.

Solution en page 299.

38.

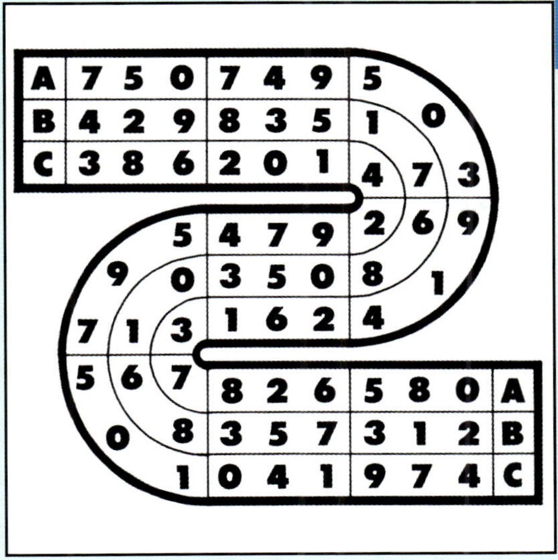

TOUS EN PISTE

Cette piste à 3 voies (A, B et C) est divisée en 9 sections. Noircissez 5 sections entières de manière que les 4 sections restantes montrent les chiffres de 0 à 9 dans chacune des trois voies.

Solution en page 300.

39.

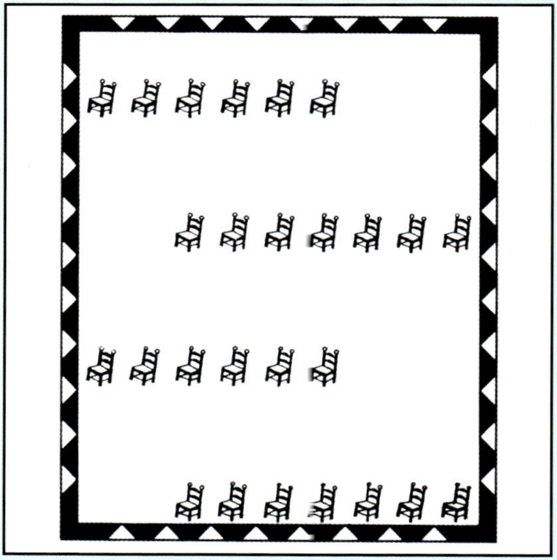

DÉCOR INFÉRIEUR

Divisez cette salle rectangulaire en 9 chambres carrées renfermant chacune au moins une chaise. La bordure graduée vous aidera à construire les murs.

Solution en page 292.

(Besoin d'un indice ? Allez à la page 123.)

40.

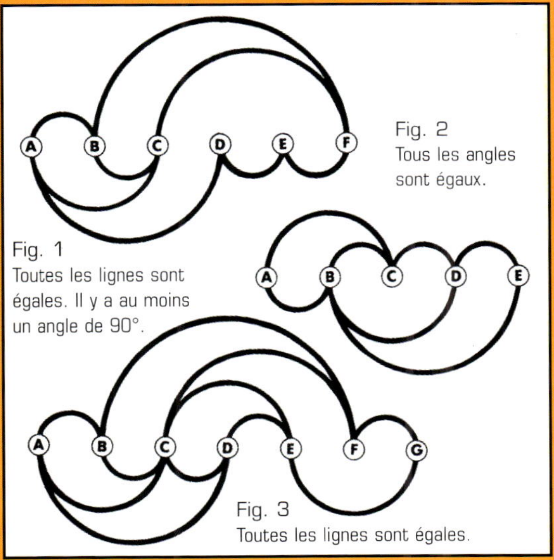

GÉOMÉTRIE VARIABLE 2

Voici 3 figures géométriques ayant subi une distorsion, ce qui rend leur forme originale méconnaissable au premier coup d'œil. Votre tâche consiste à tendre toutes les lignes de chaque figure pour révéler leur forme initiale. Les lettres encerclées désignent l'intersection de 2 lignes ou plus. Des indices essentiels sont donnés pour chaque figure.

Solution en page 294.

41.

COURS TOPOLOGIQUE

Dans ce casse-tête, les carrés ont été déformés en triangles. Votre défi consiste à transférer le cours de la rivière de la carte quadrillée du haut à la carte triangulaire du bas. Pour vous aider, l'école a été correctement transférée.

Solution en page 296.

42.

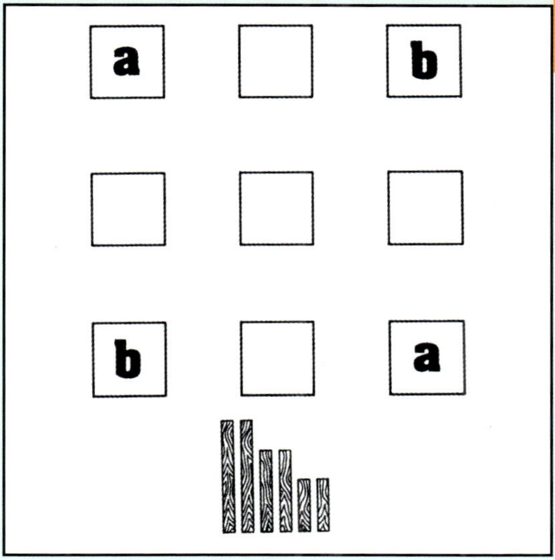

PLANCHES DE SALUT

Les 9 îlots de ce jeu mesurent chacun 10 m². Les distances horizontales et verticales entre ces îlots sont de 10 mètres. Sachant que vous disposez de 2 planches de 15 m, 2 de 11 et 2 de 7, comment pouvez-vous construire deux passerelles de 3 planches chacune entre a et a et b et b ?

Solution en page 297.

43.

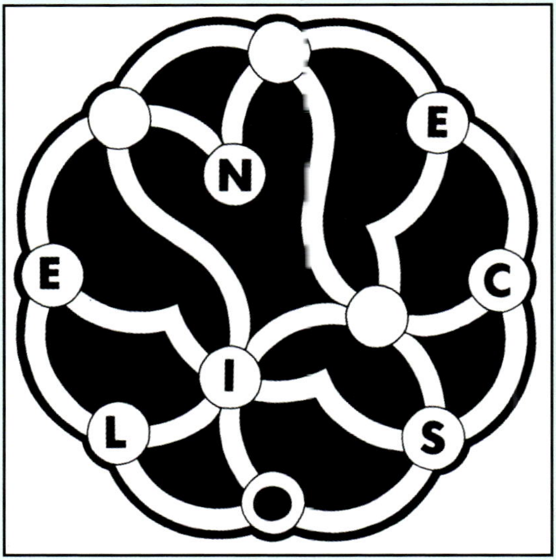

LANGUE FOURCHUE

Ce jeu présente 2 défis : 1) Combien de mots comportant ces 7 lettres pouvez-vous former ? 2) En partant du point noir, combien de ces mots pouvez-vous tracer avec une ligne continue ?

Solution en page 295.

44.

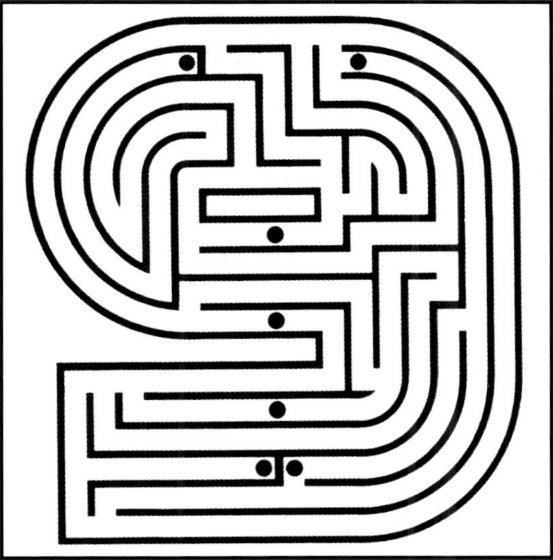

QUOI DE 9 ?

Circulez dans ce labyrinthe en forme de 9 en reliant chacun des 7 points avec une ligne continue. N'utilisez une voie ou une intersection que une seule fois. Vos points de départ et d'arrivée se trouvent dans les 2 culs-de-sac.

Solution en page 300.

Indice du jeu 39 : Toutes les chambres n'ont pas à être de la même taille.

45.

DE FIL EN AIGUILLE

En utilisant seulement des lignes droites, enfilez toutes les aiguilles de ce jeu avec 2 fils. Un fil doit relier les aiguilles noires et l'autre, les aiguilles blanches. Les fils ne doivent jamais se croiser ni passer sur les aiguilles. Partez des 2 aiguilles A et B.

Solution en page 294.

46.

ASTER RISQUE

Votre défi consiste à placer tous les astérisques de chiffres identiques en ligne droite. Pour ce faire, retirez le moins d'astérisques possible, puis repositionnez-les dans les emplacements libérés. Présentement, seuls les astérisques portant un 4 sont alignés. Les alignements peuvent être horizontaux, verticaux ou diagonaux, et les astérisques n'ont pas à être adjacents.

Solution en page 296.

(Besoin d'un indice ? Allez à la page 126.)

47.

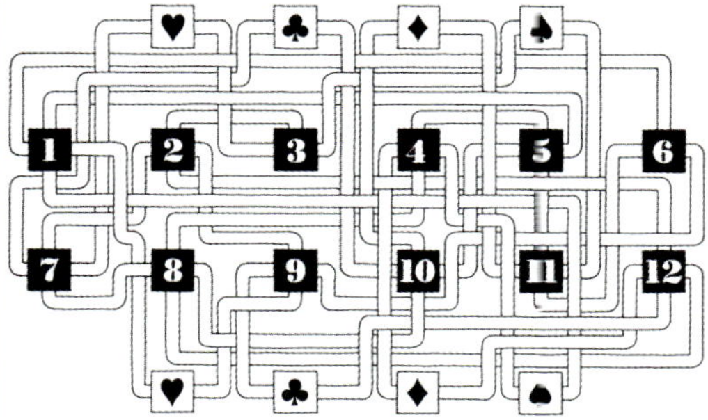

ATOUT PAIRE

Tracez 4 chemins distincts reliant les couleurs identiques (cœur à cœur, trèfle à trèfle, etc.). N'utilisez une voie ou une intersection numérotée que une seule fois. Chaque chemin doit passer par 3 carrés numérotés.

Solution en page 299.

Indice du jeu 46 : Six astérisques doivent être replacés, dont un portant le chiffre 4.

48.

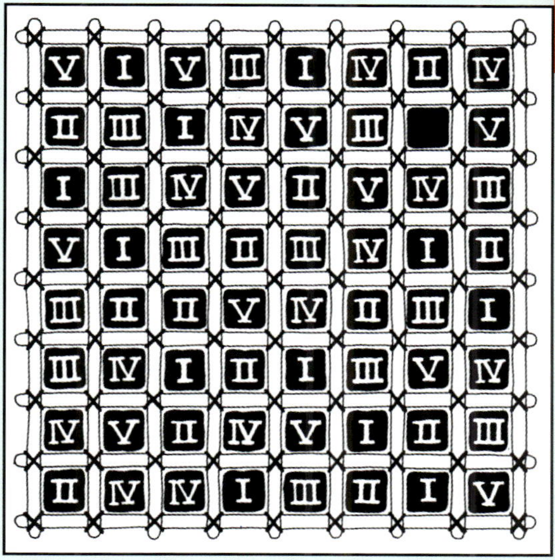

PIERRES ROMAINES 2

Noircissez la surface de 24 pierres de ce jeu de manière que les 8 rangées et les 8 colonnes contiennent chacune 5 pierres de valeur numérique différente. Une pierre a déjà été noircie pour vous.

Solution en page 298.

49.

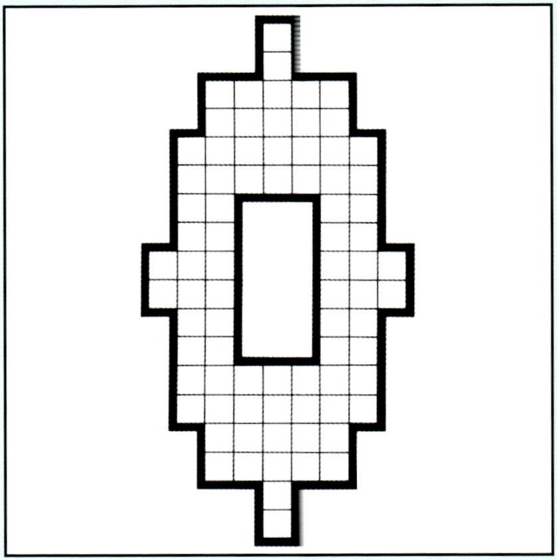

SUPER 8

Divisez cette figure en 8 morceaux de taille et de forme égales.

Solution en page 299

50.

Z-ZAG

Circulez dans ce labyrinthe en forme de Z en reliant chacun des 6 points avec une ligne continue. N'utilisez une voie ou une intersection que une seule fois. Vos points de départ et d'arrivée se trouvent dans les deux culs-de-sac.

Solution en page 301.

51.

DOUCE MOITIÉ

Attribuez un nombre à chaque case vide en remplissant la condition suivante : Tout nombre d'une case située entre deux cases horizontales ou verticales doit être la moitié de la somme des nombres de ces deux cases. Par exemple, si le nombre 25 est placé en A, la somme des nombres en B et C, ainsi qu'en D et E, doit être égale à 50. Six nombres sont déjà en place.

Solution en page 295.

(Besoin d'un indice ? Allez à la page 132.)

52.

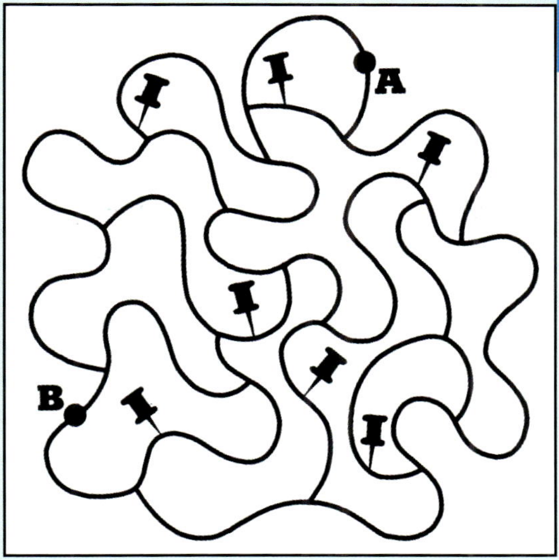

PUNAISES

Tracez un chemin de A à B en reliant toutes les punaises avec une ligne continue. N'empruntez un passage que une seule fois.

Solution en page 296.

53.

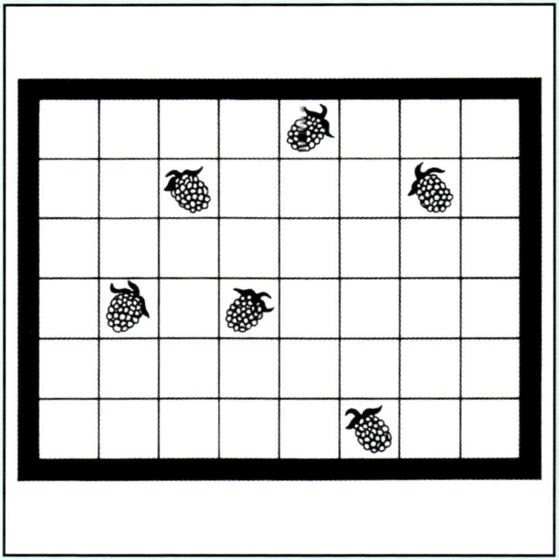

BAIEMENT INTÉRESSANT

Voici un casse-tête dans lequel les cases inutilisées importent autant que les cases utilisées. Horizontalement et verticalement, reliez les 6 baies par une ligne continue traversant exactement la moitié des carrés du tableau. Le chemin produit par les carrés inutilisés doit être l'image miroir du chemin des baies.

Solution en page 300.

Indice du jeu 51 : Placez le nombre 85 à côté du 92 sur la grille

54.

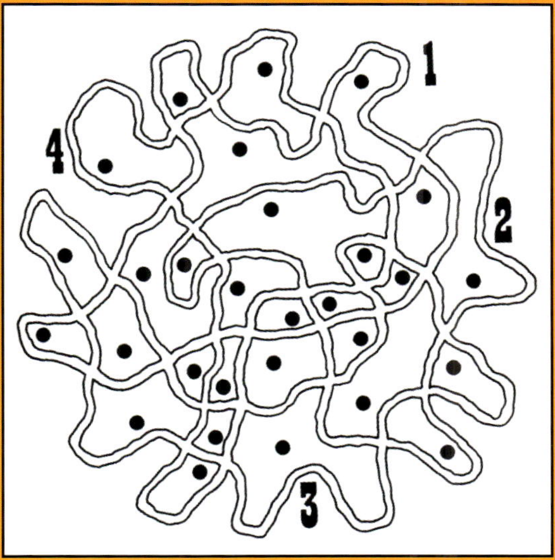

SENTIERS BATTUS

Il y a 4 sentiers de randonnée dans ce jeu. Chacun d'eux est une boucle continue et croise d'autres sentiers. Ils peuvent être tracés individuellement en avançant droit devant, sans jamais tourner à gauche ou à droite aux intersections. Sachant que les points illustrés représentent des campements, résolvez les problèmes suivants : 1) Quel est le seul campement entouré par les 4 sentiers ? 2) Quels sont les deux sentiers qui se chevauchent et partagent les campements les plus entourés ? 3) Quels sont les 3 sentiers qui se chevauchent et partagent les campements les plus entourés ?

Solution en page 298.

55.

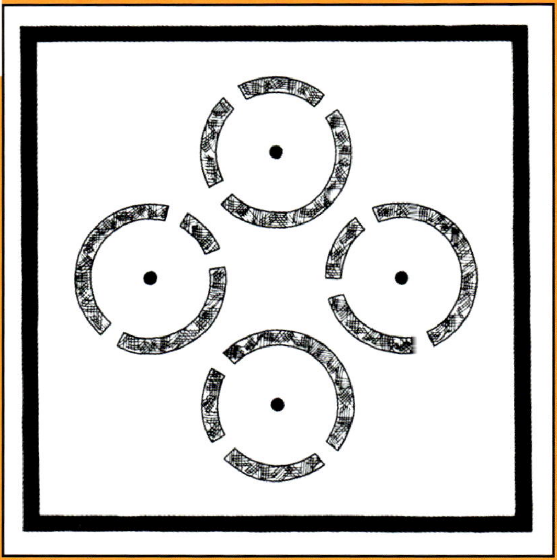

CHOIX D'ENTRÉE 1

En utilisant seulement 5 lignes droites, reliez les 4 points centraux en passant par les ouvertures les plus favorables des anneaux. Toutes les lignes doivent demeurer dans les limites du carré.

Solution en page 302.

56.

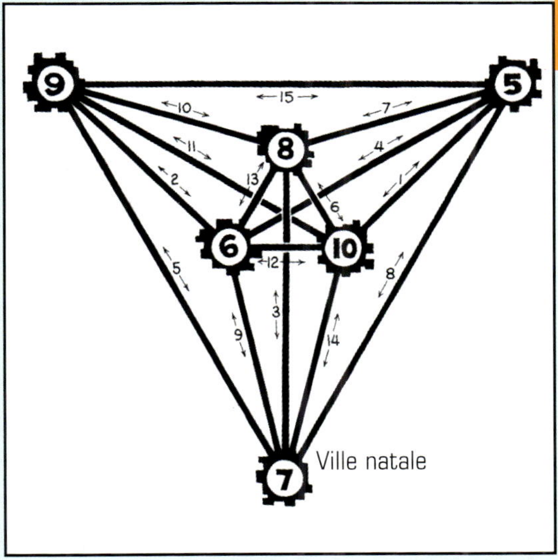

BUDGET RESPECTÉ

Partez en voyage avec un budget de 7 $. Quittez votre ville natale, visitez chacune des 5 villes et retournez chez vous avec exactement 0 $. Vous devrez payer d'avance les péages indiqués le long des trajets choisis. En arrivant à une ville, le montant inscrit dans le cercle s'ajoutera à votre budget de voyage.

Solution en page 293.

(Besoin d'un indice ? Allez à la page 136.)

57.

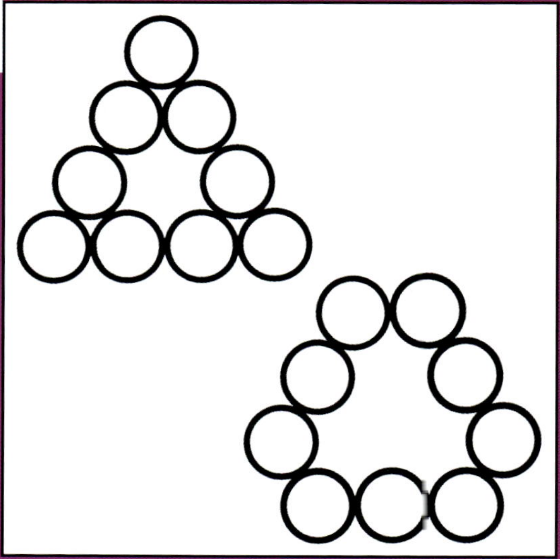

PYRAMIDE EN PIÈCES

Pour résoudre ce problème, vous aurez besoin de 9 pièces de monnaie ou objets circulaires de même taille. Disposez d'abord les pièces en forme de pyramide (figure de gauche), puis construisez la figure de droite en bougeant le moins de pièces possible. Déplacez toujours chaque pièce en la glissant et en l'arrêtant contre au moins 2 autres pièces.

Solution en page 301.

Indice du jeu 56 : Commencez par le péage à 5 $.

58.

CARRÉ DE FIGURES

Dans ce jeu, chaque carré de destination est numéroté de 1 à 16 (coin gauche) et affiche l'une de quatre figures géométriques. Votre défi consiste à aller de A à B en passant par 4 carrés de destination contenant un cercle, un carré, un triangle et un pentagone (dans n'importe quel ordre). Les chiffres et les lettres à l'intérieur des figures géométriques vous indiquent les carrés de destination possibles pour avancer. À partir de A, vous pouvez vous rendre à n'importe quel carré de destination.

Solution en page 299.

(Besoin d'un indice? Allez à la page 141.)

59.

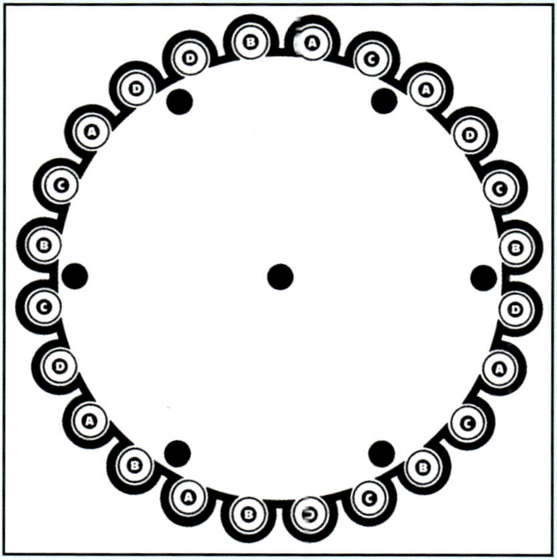

RONDE DE LETTRES 1

Choisissez 6 cercles portant la même lettre autour du périmètre, puis tracez 3 lignes droites reliant les paires de cercles pour diviser la ronde en 7 sections. Chaque section ne doit contenir que un seul point noir.

Solution en page 294.

60.

U	T	J	X	N	A	G	H	E	C
G	A	I	M	H	K	C	F	Q	P
A	C	W	P	X	J	H	U	V	D
Y	F	X	J	L	E	U	G	N	W
N	U	H	S	G	X	J	Y	L	A
H	J	O	I	W	C	K	X	R	F
X	V	R	Q	J	U	E	W	I	L
J	G	E	U	Y	H	A	T	X	N
L	B	V	Z	S	G	T	D	M	X
E	P	F	D	U	T	X	L	G	Y

CHARABIA

Dans cette grille se cachent deux rangées composées d'une même série de lettres mélangées. Ces rangées pourraient être toutes deux horizontales, toutes deux verticales, ou l'une horizontale et l'autre verticale. Pouvez-vous les trouver ?

Solution en page 295.

(Besoin d'un indice ? Allez à la page 141.)

61.

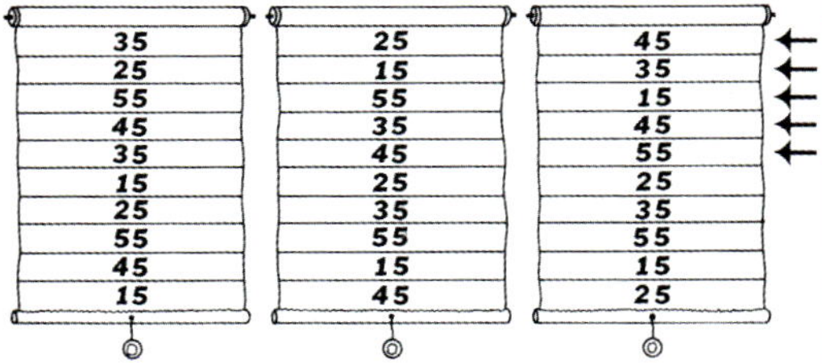

105 À L'OMBRE

Enroulez partiellement un ou plusieurs stores, jusqu'à ce que les 5 rangées du haut totalisent 105 points.

Solution en page 297.

62.

COULEURS FLOTTANTES

Quatre couleurs apparaissent sur les 8 drapeaux (R = rouge, B = bleu, V = vert et J = jaune). Réarrangez seulement 3 drapeaux de manière qu'aucune couleur ne soit répétée sur chacune des 4 rangées et des quatre colonnes. Les drapeaux ne peuvent être retournés tête en bas.

Solution en page 298.

Indice du jeu 58 : De A, allez d'abord au carré numéro 10
Indice du jeu 60 : Les deux rangées sont verticales.

CHAPITRE

3

Casse-têtes intrigants

1.

EN TOUTE SIMPLICITÉ

Circulez dans le labyrinthe le plus simple du monde en amassant exactement 100 points. N'utilisez une voie ou une intersection que une seule fois Les flèches indiquent vos points d'entrée et de sortie.

Solution en page 304

2.

JEU DE LUMIÈRES

Dans ce jeu, 3 ampoules présentent une erreur de plus ou moins un point dans leur nombre. Votre défi consiste à trouver les ampoules à changer, et à rectifier leur nombre, de façon à créer un carré magique dans lequel la rangée, la colonne et les 6 diagonales de 3 ampoules totalisent le même nombre de points.

Solution en page 305.

(Besoin d'un indice ? Allez à la page 148.)

3.

PLACEMENT POSITIF

Ces 9 blocs numérotés prédéterminent la valeur numérique des 27 blocs restants. Trouvez ces valeurs en respectant les conditions suivantes :
1) Chaque subdivision de 4 blocs doit comporter les chiffres 1, 2, 3 et 4.
2) Les blocs adjacents (horizontalement ou verticalement) ne doivent jamais avoir une valeur numérique identique, même s'ils se trouvent dans des subdivisions différentes.

Solution en page 306.

4.

QUESTION D'ÂGE

Ces chênes majestueux ont 1000 ans à eux trois. Déterminez l'âge de chaque arbre à partir de l'information suivante : Lorsque le plus jeune arbre aura atteint l'âge de l'arbre du milieu, ce dernier aura l'âge du plus vieil arbre et 4 fois l'âge actuel du plus jeune arbre.

Solution en page 308.

5.

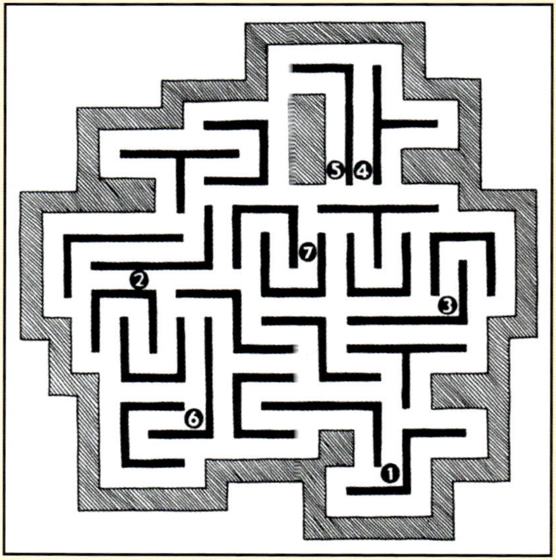

HAIES FLOTTANTES 1

Tracez une ligne continue dans ce labyrinthe, en reliant les chiffres de 1 à 7 consécutivement. N'utilisez un passage que une seule fois.

Solution en page 310.

Indice du jeu 2 : Chaque rangée totalise 585 points.

6.

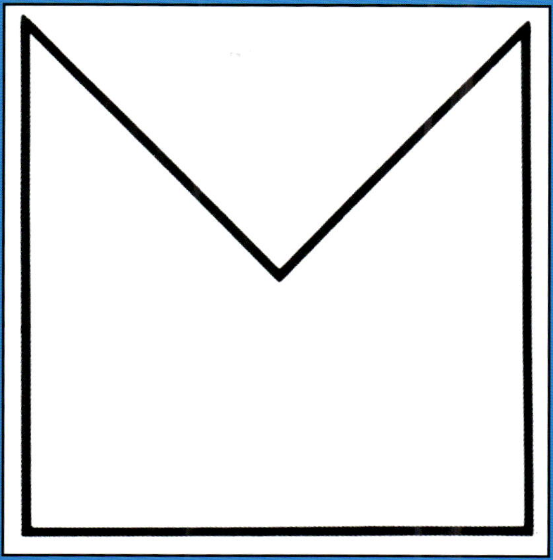

EN PARTS ÉGALES

Les choses ne sont jamais comme elles le paraissent. Voici sans doute le problème de division le plus facile à résoudre; tout dépend de la façon dont vous l'aborderez. Deux pères et deux fils désirent partager ce terrain de forme irrégulière également entre eux. Toutes les parcelles doivent être identiques en taille et en forme. Comment est-ce possible ?

Solution en page 311.

7.

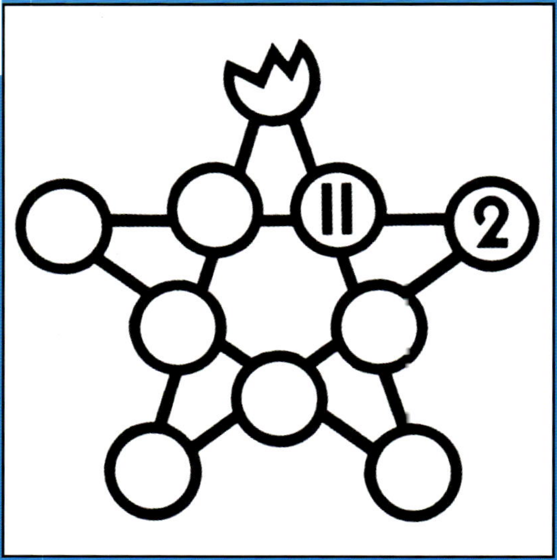

PENTAGRAMME BRISÉ

Dans un pentagramme de 10 cercles, il est possible de disposer 10 nombres consécutifs de manière que toutes les lignes de 4 cercles aient le même total de points. Pour rendre le défi plus intéressant, 1 des cercles a été brisé. Placez 9 des 10 nombres consécutifs dans les 9 cercles intacts, de façon que toutes les lignes de 3 ou de 4 cercles totalisent 24 points. Deux nombres sont déjà en place.

Solution en page 313.

(Besoin d'un indice ? Allez à la page 152.)

8.

ÉCHECS ET MATHS

Un échiquier standard mesure 8 carrés sur 8 et contient 32 carrés noirs et 32 carrés rouges. Dans cet échiquier se trouvent exactement 139 échiquiers de taille plus petite, allant de 2 carrés sur 2 à 7 carrés sur 7. Parmi ces petits échiquiers, combien contiennent aussi un nombre égal de carrés rouges et de carrés noirs ?

Solution en page 304.

9.

PREMIÈRE QUALITÉ

Voici un carré magique dans lequel il vous reste 8 vaches à marquer d'un nombre premier (nombre divisible seulement par lui-même et par 1), en faisant en sorte que chaque rangée, colonne et diagonale de 3 vaches totalise 111 points. Le nombre le plus petit et le seul qui ne soit pas un nombre premier, le 1, est déjà placé pour vous aider à démarrer.

Solution en page 305.

Indice du jeu 7 : Éliminez le chiffre 5

10.

CONFUSION TOTALE 2

Allez de A à B en marquant le moins de points possible. Les passages composant le jeu passent les uns sur les autres, mais ne se croisent qu'aux cercles.

Solution en page 307.

(Besoin d'un indice? Allez à la page 155.)

11.

COCCINELLES À MARIER

De 1 à 6 points noirs ornent le dos de toutes ces coccinelles. Votre travail consiste à accoupler 12 d'entre elles, en traçant un trait droit entre 2 coccinelles portant le même nombre de points. En outre, les 6 paires à marier doivent avoir un nombre différent de points (de 1 à 6). Les traits ne doivent jamais se croiser ou passer sur une coccinelle.

Solution en page 308.

12.

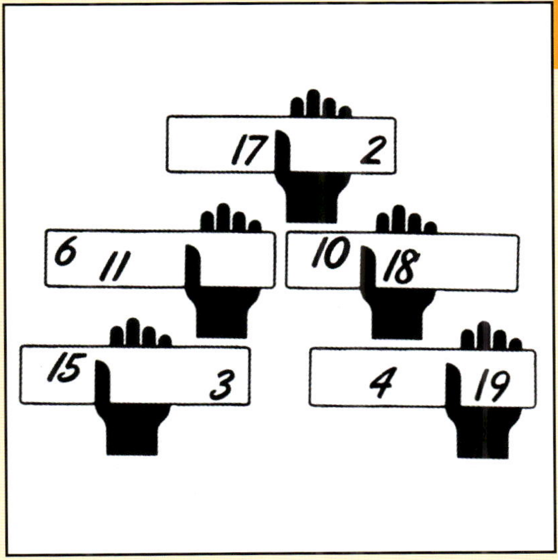

DONNE DE 5 CARTES

Pour résoudre ce problème, placez 2 nombres supplémentaires sur chacune des 5 cartes. La solution finale doit comprendre les nombres de 1 à 20 et toutes les cartes doivent avoir le même total de points.

Solution en page 311.

(Besoin d'un indice ? Allez à la page 159.)

Indice du jeu 10 : Le total le plus bas est de 7 points.

13.

NOMBRES AU CARRÉ

Prenez les chiffres de 2 à 9 et mettez-les au carré (2 x 2, 3 x 3, etc.). Placez ensuite chacun des nombres au carré dans les 9 cercles vacants de façon à obtenir un total de 102 dans chaque alignement de 4 carrés. Un nombre au carré (1 x 1) apparaissant 4 fois est déjà en place.

Solution en page 312.

14.

OPTION ZÉRO

Circulez dans ce labyrinthe en forme de zéro en reliant chacun des 6 points avec une ligne continue. N'utilisez une voie ou une intersection que une seule fois. Vos points de départ et d'arrivée se trouvent dans les 2 culs-de-sac.

Solution en page 314.

15.

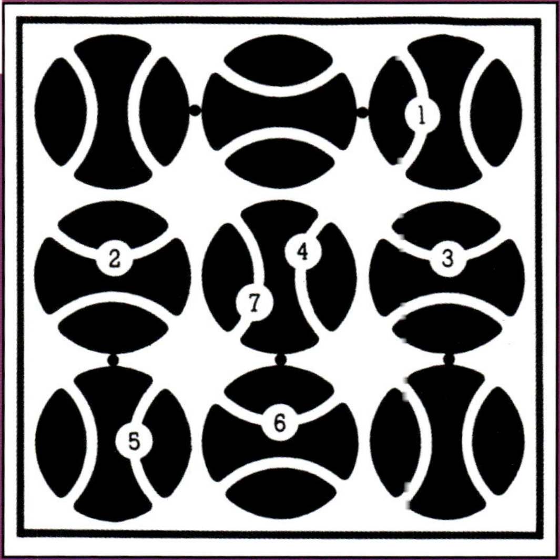

À PLATE COUTURE

Dans ce labyrinthe de 9 balles, reliez les chiffres de 1 à 7 consécutivement avec une seule ligne continue, puis retournez à la balle 1. Durant votre parcours, vous devez traverser une fois chacune des 18 coutures de balle. Par ailleurs, le passage normal entre des balles adjacentes ou des murs près des balles est limité à une fois, et 5 points placés entre les balles bloquent le passage complètement.

Solution en page 304.

16.

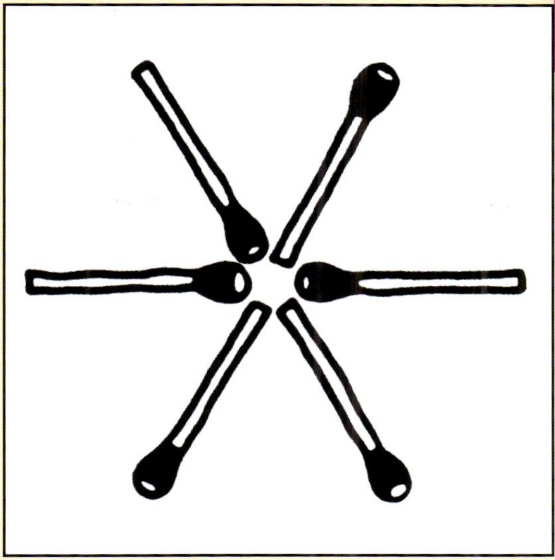

ESPRIT ALLUMÉ 1

Voici un casse-tête d'allumettes visant à prouver que 6 est la moitié de 11. D'abord, réarrangez 2 allumettes pour dévoiler le chiffre 11. Ensuite, retirez la moitié des allumettes pour dévoiler le chiffre 6.

Solution en page 309.

Indice du jeu 12 : Chaque carte doit totaliser 42 points.

17.

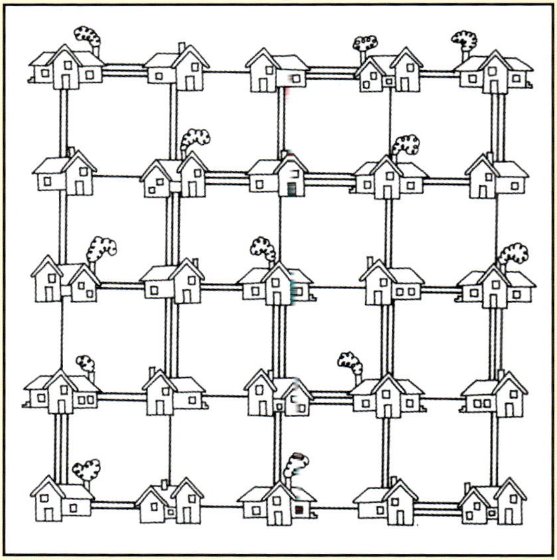

VISITE LIBRE

Choisissez une maison comme point de départ, puis tracez un trajet permettant de visiter les 24 maisons restantes sans jamais en revisiter une, de la façon suivante : Suivez 1 fil vers la première maison, 2 fils vers la deuxième, 3 fils vers la troisième et répétez ce processus jusqu'à ce que vous ayez visité les 24 maisons.

Solution en page 307

(Besoin d'un indice ? Allez à la page 163.)

18.

?
28
496
8 128
130 816
2 096 128

PYRAMIDE PARFAITE

Trouvez le nombre qui va en haut de cette pyramide et amorcez cette suite logique de nombres croissants.

Solution en page 305.

19.

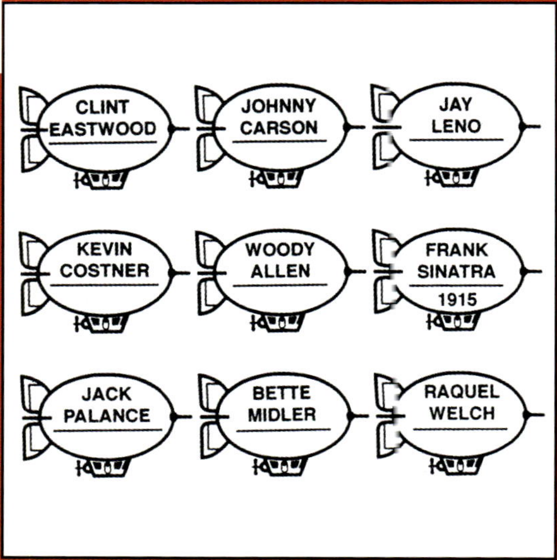

NEUF BONNES ANNÉES

Neuf grandes vedettes sont à bord de 9 dirigeables. Elles sont nées en 1915, 1920, 1925, 1930, 1935, 1940, 1945, 1950 et 1955. En associant chaque célébrité à la bonne année de naissance (comme Sinatra et 1915), vous créerez un carré magique dans lequel toutes les rangées, colonnes et diagonales de 3 dirigeables auront le même total. Quelques hypothèses devraient vous aider à décoller.

Solution en page 311.

(Besoin d'un indice ? Allez à la page 165.)

20.

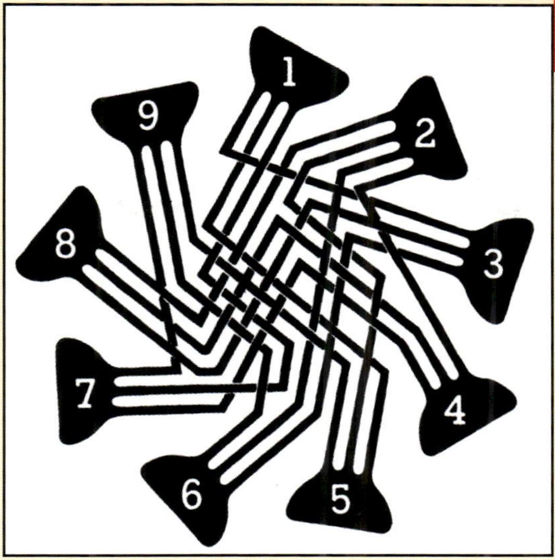

VISITES ORDONNÉES

Dans ce labyrinthe numérique, 9 stations numérotées sont reliées par 14 chemins entrecroisés qui ne se croisent qu'aux stations. Trouvez une route qui commence et finit à la station 1, puis visitez chacune des stations restantes exactement une fois. Aucun chemin ne peut être réutilisé. Ce casse-tête a 2 solutions possibles. Pouvez-vous les trouver ?

Solution en page 312.

Indice du jeu 17 : Finissez à la maison du centre.

21.

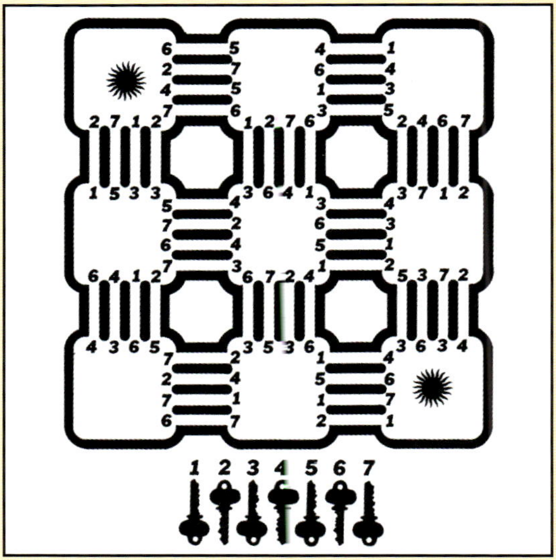

DÉCISION CLÉ 1

Ces clés numérotées correspondent aux corridors verrouillés du casse-tête. Votre défi consiste à choisir seulement 3 clés permettant d'ouvrir les bons corridors pour passer d'une pièce ensoleillée à l'autre.

Solution en page 314

22.

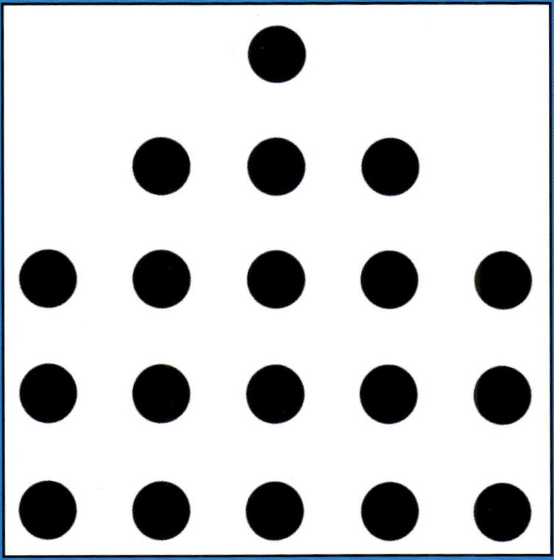

MAISON EN POINTILLÉ

19, 37, 61, 91, ______

Trouvez le prochain nombre de la suite mathématique ci-dessus. Examinez attentivement la maison en pointillé, car elle fournit la clé de la suite.

Solution en page 304.

Indices du jeu 19 : Chaque rangée a un total de 5805. Kevin Costner est le plus jeune.

23.

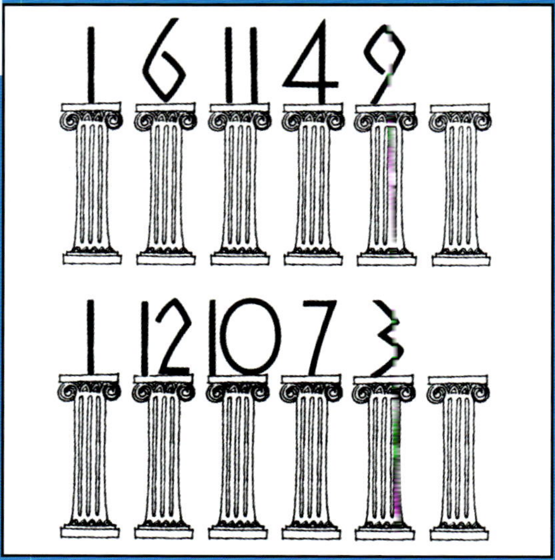

COLONNE GRECQUE

Ces 2 casse-têtes auraient rendu perplexe même le plus sage des anciens Grecs. Le temps dira si vous êtes assez perspicace pour trouver les chiffres qui complètent ces 2 séries numériques distinctes.

Solution en page 306.

(Besoin d'un indice ? Allez à la page 168.)

24.

QQ

Q,Q

?

DEUX EN UN

Voici 2 problèmes de mathématiques regroupés en 1. Dans le premier, vous devez additionner les nombres ensemble. Dans le second, vous devez les multiplier. Les 2 opérations doivent produire le même résultat. Déterminez la valeur numérique de Q pour obtenir 2 réponses identiques.

Solution en page 307.

25.

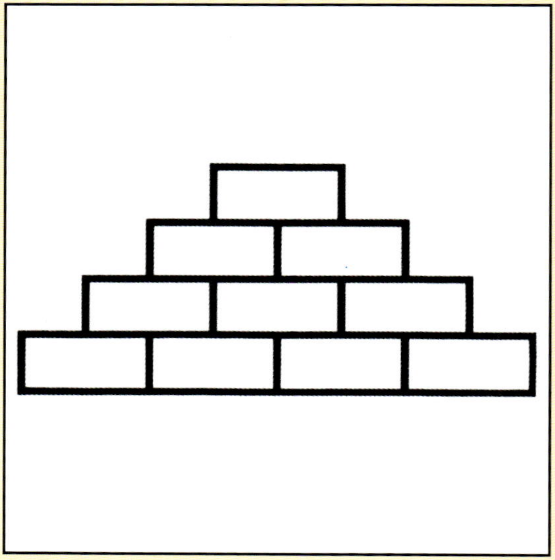

PYRAMIDE À 10 000 $

En utilisant seulement le chiffre 4, placez 10 montants d'argent dans les 10 blocs de cette pyramide pour obtenir un total de 10 000 $.

Solution en page 309.

Indice du jeu 23 : Big Ben aurait pu vous aider à résoudre ces problèmes

26.

CANARDS D'EAU 2

l y a 3 types différents de canardeaux dans cette figure. Placez 6 autres canardeaux dans cette mare bidimensionnelle de manière que chacune des 5 rangées et des 5 colonnes présente les 3 types de canardeaux.

Solution en page 311.

27.

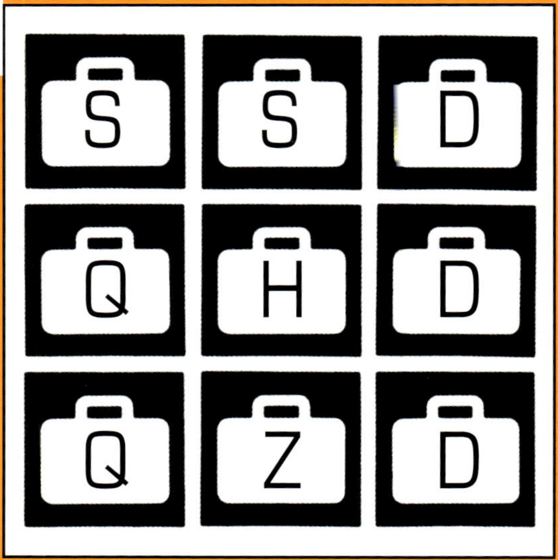

VALISE CODÉE

Voici 9 valises identifiées par les lettres D, H, Q, S ou Z. On sait qu'à l'intérieur de chaque valise se trouve un nombre diférent, dont la première lettre est indiquée sur l'extérieur de la valise. Par exemple, le S pourrait correspondre à 6, 7, 16, et ainsi de suite. Votre défi consiste à trouver les 9 nombres formant un carré magique dans lequel les rangées, colonnes et diagonales de 3 valises ont le même total de points.

Solution en page 314.

(Besoin d'un indice ? Allez à la page 172.)

28.

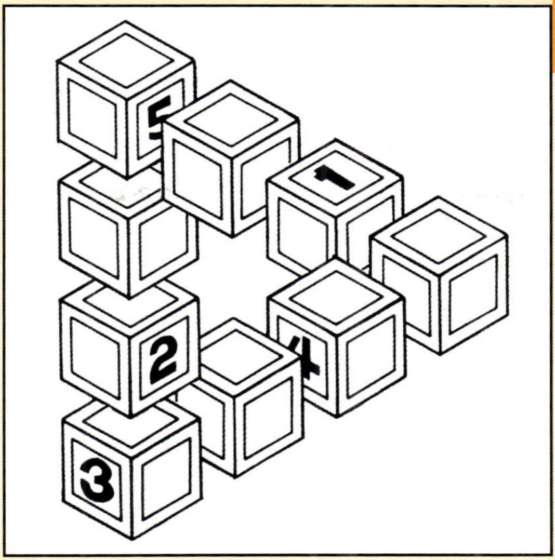

DIVERSION D'OPTIQUE 2

En utilisant les chiffres de 1 à 9 trois fois chacun, numérotez les faces restantes des cubes de manière que chaque cube ait un total de 15 points. En faisant cela, vous devez aussi vous assurer que chaque rangée de 4 faces de cube bien alignées et orientées dans le même sens (vers le haut, la gauche ou la droite) totalise 20 points. Par exemple, les 2 faces des cubes 3 et 4 sont en ligne droite, orientées vers la gauche. Neuf de ces rangées doivent être remplies.

Solution en page 312.

29.

PONTS BRÛLÉS

Considérez chaque allumette comme un pont devant être supporté par 2 pièces, une à chaque bout. Votre défi consiste à disposer les 4 pièces de 5 ¢, la pièce de 10 ¢ et les 7 allumettes, en respectant les conditions suivantes : 1) Cinq allumettes doivent être supportées par 10 ¢. 2) Deux allumettes doivent être supportées par 15 ¢. 3) Dans tous les cas, deux allumettes ne peuvent être supportées par 2 mêmes pièces.

Solution en page 308.

Indice du jeu 27 : Chaque alignement totalise 24.

30.

MISS DAISY ET SON CHAUFFEUR ________	FORREST GUMP ________ 1994	LE DERNIER EMPEREUR ________
RAIN MAN ________	DANSE AVEC LES LOUPS ________	IMPITOYABLE ________
LA LISTE DE SCHINDLER ________	PLATOON ________	LE SILENCE DES AGNEAUX ________

CARRÉS HOLLYWOODIENS

Trouvez l'année où chacune de ces œuvres cinématographiques a remporté l'oscar du meilleur film. Vous créerez ainsi un carré magique dans lequel toutes les rangées, colonnes et diagonales de 3 films auront le même total de points. Pour vous aider à démarrer, sachez que *Forrest Gump* a été primé en 1994.

Solution en page 306.

(Besoin d'un indice ? Allez à la page 175.

31.

LOSANGES EMBOÎTÉS

Ce losange de 9 boules de billard contient 4 losanges plus petits de 4 boules (voir l'exemple illustré). Ces petits losanges se chevauchent et partagent diverses boules à l'intérieur du grand losange. En changeant la position du moins grand nombre de boules possible, faites en sorte que les 4 petits losanges aient exactement le même total de points.

Solution en page 309

32.

CENTRE DE CENT

Les centres de 4 pièces de 1 ¢ sont positionnés aux coins du carré illustré. Repositionnez 2 pièces de façon à créer un nouveau carré d'exactement la moitié de la taille du carré actuel.

Solution en page 314.

Indices du jeu 30 : Chaque alignement de 3 films totalise 5970 points. Le plus vieux film a été primé en 1987.

33.

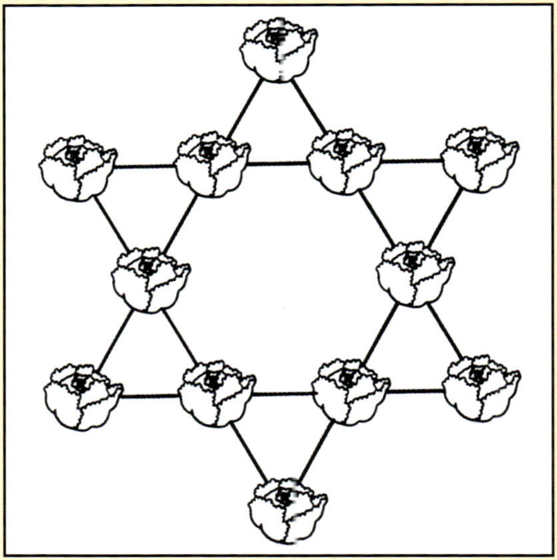

QUATRE PAR QUATRE

La disposition de ces 12 laitues crée une figure de 6 lignes droites contenant chacune 4 laitues. Pouvez-vous concevoir un jardin de configuration différente, tout en remplissant ces mêmes conditions ?

Solution en page 305

(Besoin d'un indice ? Allez à la page 180.

34.

HAIES FLOTTANTES 2

Tracez un trait continu dans ce labyrinthe en reliant les chiffres de 1 à 8 consécutivement. N'utilisez un passage que une seule fois.

Solution en page 306.

35.

TIR À L'ARC

Circulez dans ce labyrinthe en amassant le plus grand nombre de points possible. Choisissez un nombre qui deviendra le point de départ et d'arrivée de votre circuit. Durant votre parcours, vous devrez toujours suivre la voie définie par les arcs. Par exemple, de « 1 », vous pouvez allez seulement à « 3 » ou à « 4 ». N'utilisez une voie que une seule fois. En passant par les 11 nombres, vous obtiendrez le score maximal de 36.

Solution en page 308.

(Besoin d'un indice ? Allez à la page 183.)

36.

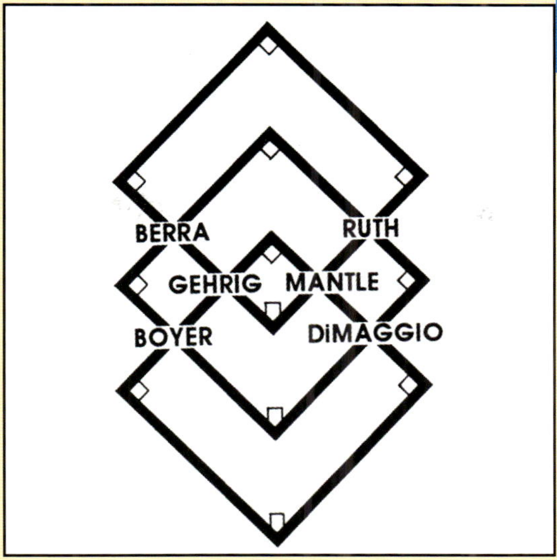

BONS YANKEES

Six grands joueurs des Yankees (Yogi Berra, Clete Boyer, Joe DiMaggio, Lou Gehrig, Mickey Mantle et Babe Ruth) sont positionnés chacun sur 2 bordures dans ces 3 champs intérieurs en chevauchement. Ces célèbres joueurs sont aussi connus que les numéros 3, 4, 5, 6, 7 et 8 de leur uniforme. Votre défi consiste à associer chaque numéro au bon Yankee en vous assurant que chacun des 3 différents champs totalisera 22 points.

Solution en page 309.

(Besoin d'un indice? Allez à la page 183.)

37.

CIRCUIT FLÉCHÉ 1

Dans ce labyrinthe, les sens sont indiqués et les voies ont une valeur numérique. En partant de l'intersection du bas, passez par chacune des 5 autres et retournez au point de départ en amassant le moins de points possible.

Solution en page 314.

(Besoin d'un indice ? Allez à la page 189.)

Indice du jeu 33 : Commencez par un carré de 4 sur 4, puis éliminez 4 laitues.

38.

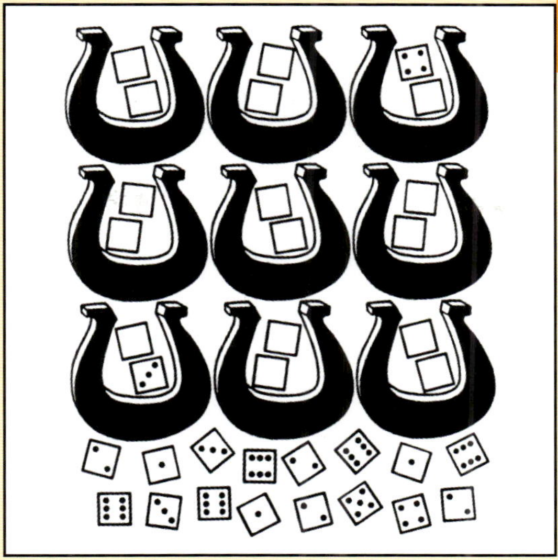

DAME CHANCEUSE

Neuf paires de dés sont placés dans 9 fers à cheval. Les points manquent dans tous les dés sauf 2. Avec les 16 dés illustrés, vous devez ajouter les points dans les dés vides pour remplir les conditions suivantes : 1) Chaque fer à cheval doit présenter un total de points différent. 2) Chaque rangée, colonne et diagonale de 3 fers à cheval doit totaliser 21. 3) Aucun double ne peut apparaître dans un fer à cheval.

Solution en page 312.

39.

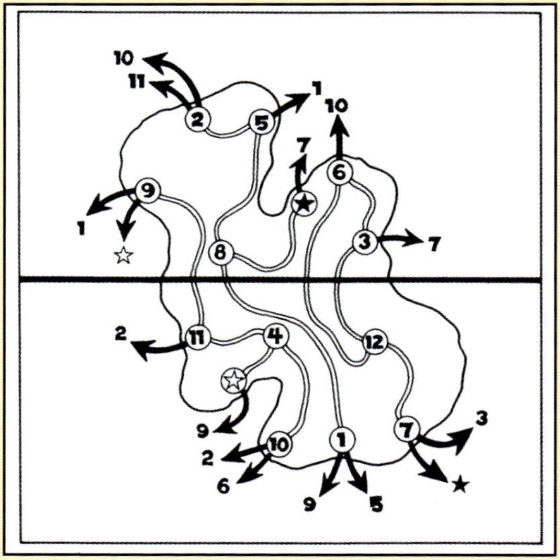

LIGNE ÉQUATORIALE

Il y a 12 destinations numériques (de 1 à 12) sur cette minuscule île tropi cale. En partant de l'une des 2 étoiles, vous devez vous rendre à chaqu numéro de la carte et finir votre voyage à l'autre étoile. Vous ne pouve visiter un site que une seule fois. Durant votre parcours, vous ne pourre traverser la ligne équatoriale que 9 fois, soit 4 par voie terrestre et 5 pa voie maritime. Les traversées en mer sont illustrées par des flèches indi quant vos destinations possibles.

Solution en page 306

40.

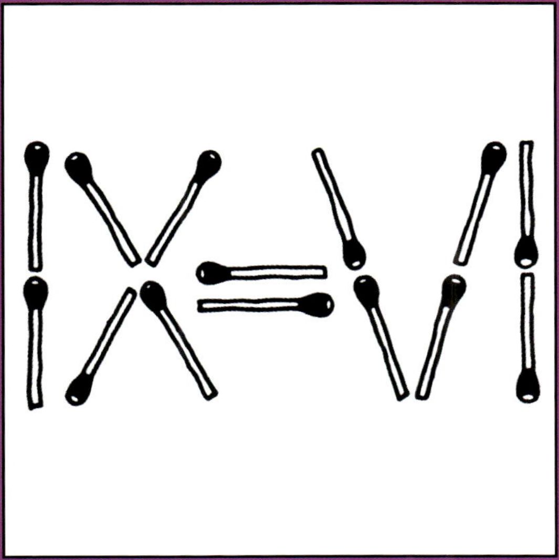

ESPRIT ALLUMÉ 2

Présentement, nous voyons une équation en chiffres romains avançant faussement que 9 est égal à 6. Pouvez-vous ajoutez 3 autres allumettes à cette équation de façon à rendre les 2 côtés égaux ?

Solution en page 308.

Indice du jeu 35 : Partez de « 6 ».
Indice du jeu 36 : Ruth et Gehrig portaient les plus petits numéros.

41.

SIXIÈME SENS

Circulez dans ce labyrinthe en forme de 6 en reliant chacun des 6 points avec une ligne continue. N'utilisez une voie ou une intersection que une seule fois. Vos points de départ et d'arrivée se trouvent dans les 2 culs-de-sac.

Solution en page 309.

42.

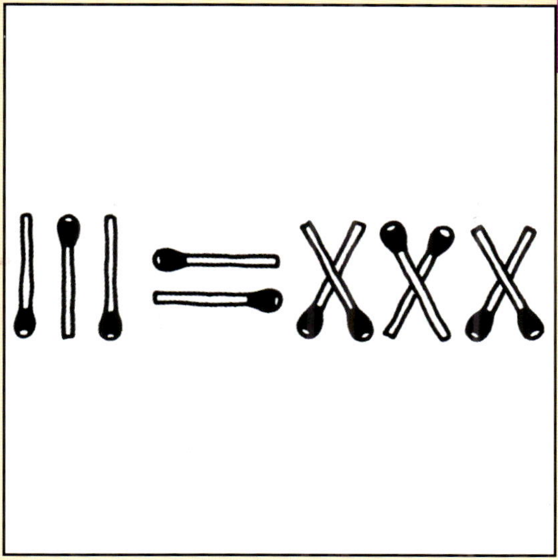

ESPRIT ALLUMÉ 4

Déplacez 2 allumettes pour rendre cette équation vraie.

Solution en page 313.

43.

TRIO DE 3

À partir de ce trio, on peut mettre 2 chiffres « 3 » ensemble pour faire 33 puis diviser par le dernier 3 pour obtenir 11. Pouvez-vous trouver une autr manière pour arriver au même résultat ?

Solution en page 313

44.

S	N	R	H	E
S	E	L	U	I
O	U	T	I	T
E	F	T	T	R

TROIS LETTRES

Barrez 7 lettres pour dévoiler 2 nombres.

Solution en page 305.

45.

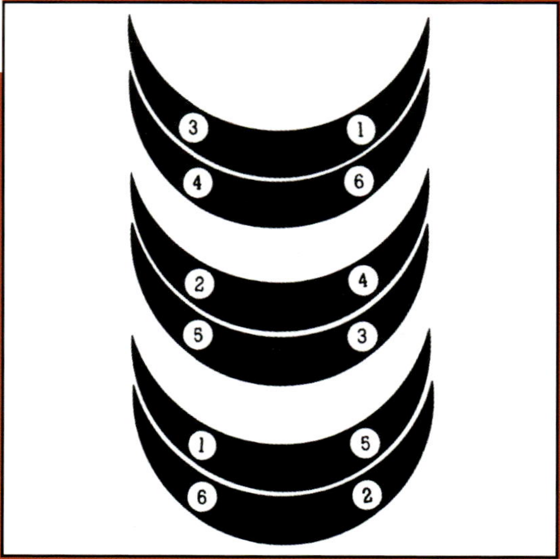

LUNES DE PAPIER

La disposition actuelle des 6 lunes de papier fait en sorte que, dans chaque paire, les deux cercles de gauche et les deux cercles de droite totalisent 7 points. Réarrangez les 6 lunes de manière à obtenir 6 nouvelles paires de 2 cercles ayant également un total de 7 points. Les lunes adjacentes dans la configuration actuelle ne peuvent plus l'être dans la nouvelle solution.

Solution en page 306.

(Besoin d'un indice ? Allez à la page 190.)

46.

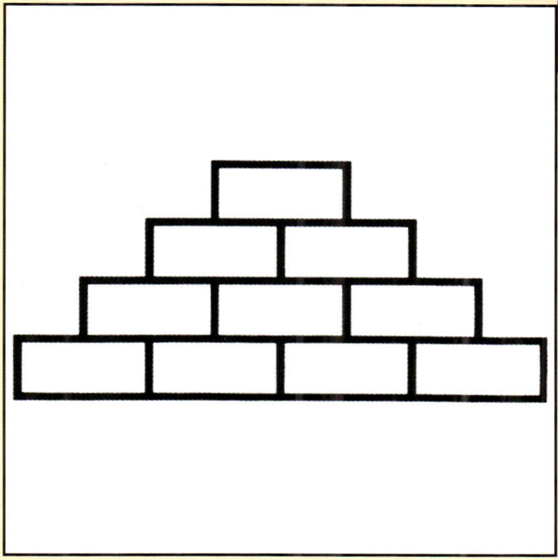

PYRAMIDE À 1000 $

En utilisant seulement le chiffre 8, placez 10 montants d'argent dans les 10 blocs de cette pyramide pour obtenir un total de 1000 $.

Solution en page 308.

(Besoin d'un indice? Allez à la page 195.)

Indice du jeu 37 : Le total le moins élevé est de 45 points.

47.

CARRÉS DE DOMINOS

En permutant le moins de dominos possible, créez un nouveau tableau d
6 carrés sur 6 dans lequel aucun nombre de points n'est répété dans un
même colonne ou rangée. Présentement, seule la rangée du bas contien
2 carrés identiques de 4 points.

Solution en page 310

(Besoin d'un indice ? Allez à la page 196
Indice du jeu 45 : Disposez les 6 lune
de papier en forme de beignet

48.

ÉTAGÈRES NUMÉRIQUES

Replacez ces 16 chiffres pour permettre à 2 rangées et 2 colonnes de carrés d'avoir le même total. Il y a 12 totaux possibles; votre défi consiste à bâtir le plus haut et le plus bas.

Solution en page 310.

49.

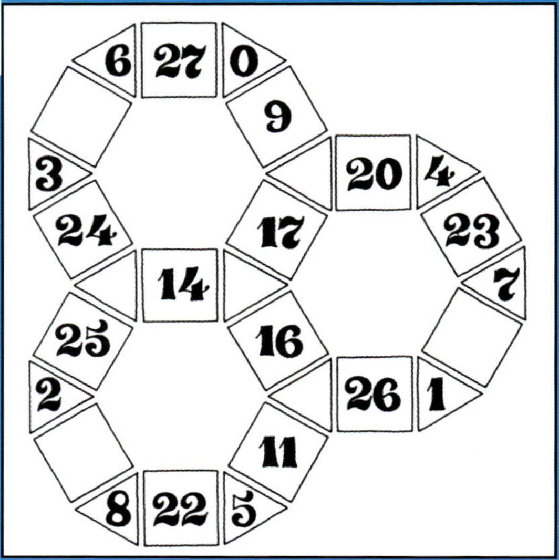

CIRCUIT DE 3 ANNEAUX

Une fois résolu, ce casse-tête dévoilera les nombres de 0 à 27. À vous de jouer. Placez les 7 nombres manquants afin que ces 3 anneaux de 12 nombres aient tous le même total de points.

Solution en page 311.

50.

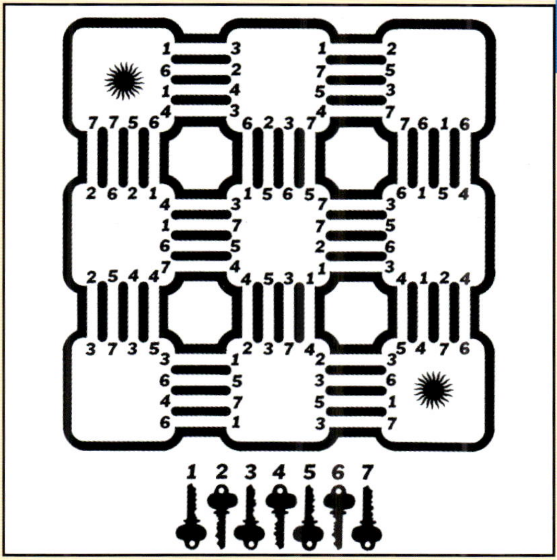

DÉCISION CLÉ 2

Ces clés numérotées correspondent aux corridors verrouillés du casse-tête. Votre défi consiste à choisir seulement 3 clés permettant d'ouvrir les bons corridors pour passer d'une pièce ensoleillée à l'autre.

Solution en page 313.

51.

ÉCLAIREURS

Quatre éclaireurs ont coordonné leurs efforts de façon que chacu puisse emprunter une route différente du départ à l'arrivée. Chaque rout doit traverser exactement 6 intersections numérotées de 1 à 6 (dan n'importe quel ordre). N'utilisez une voie ou une intersection que une seul fois. Pouvez-vous tracer les routes de ces 4 éclaireurs ?

Solution en page 30

52.

PAGINATION

Placez les numéros de page sur les 8 livres restants de manière à former un carré magique dans lequel toutes les rangées, colonnes et diagonales de 3 livres (6 pages) totalisent 111 points. Note : Les numéros pairs sont toujours à gauche et les numéros impairs à droite.

Solution en page 305.

(Besoin d'un indice ? Allez à la page 199.)

Indice du jeu 46 : Pensez en termes de dollars et de cents.

53.

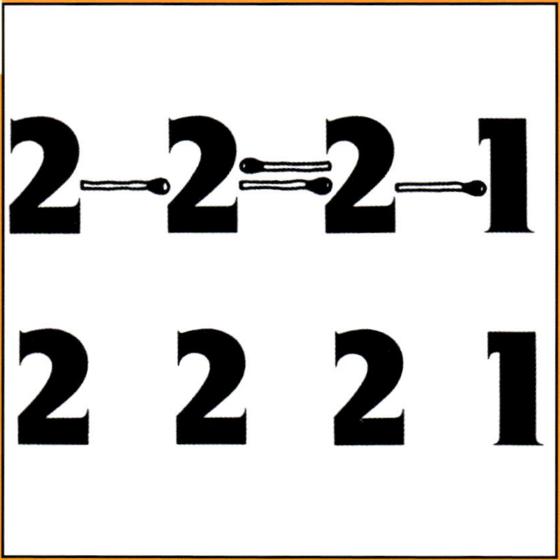

ESPRIT ALLUMÉ 3

Deux moins deux n'égale pas deux moins un. Réarrangez seulement 2 allumettes pour rendre les 2 côtés de l'équation égaux. Illustrez votre solution sur la ligne de chiffres du bas.

Solution en page 307.

(Besoin d'un indice? Allez à la page 200.)

Indice du jeu 47 : Seulement 2 dominos doivent être replacés.

54.

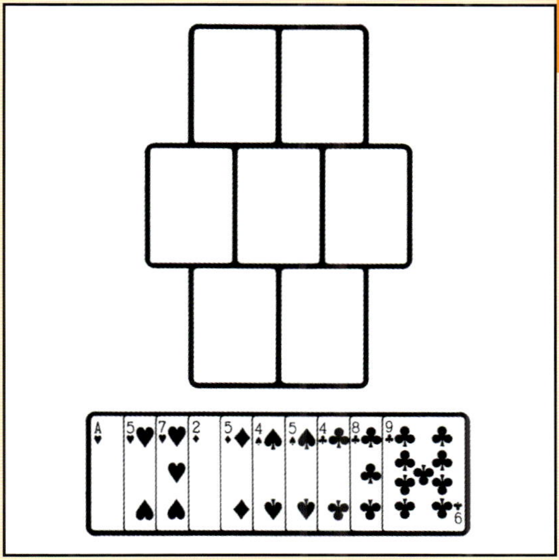

SOLITAIRE

Disposez 7 de ces 10 cartes sur le tableau en respectant les conditions suivantes : 1) Des couleurs identiques ne peuvent pas apparaître dans des cases adjacentes. 2) Des valeurs numériques identiques ou consécutives ne peuvent pas apparaître dans des cases adjacentes. L'as est toujours une carte basse.

Solution en page 311.

55.

LABYRAMIDE 1

Placez les chiffres restants de 1 à 12 dans les cercles vacants autour de la pyramide, en respectant les conditions suivantes : 1) La somme des chiffres des issues est la même pour les 6 passages entrecroisés. 2) Les 3 côtés de la pyramide ont un total de points identique.

Solution en page 310

(Besoin d'un indice? Allez à la page 203.)

56.

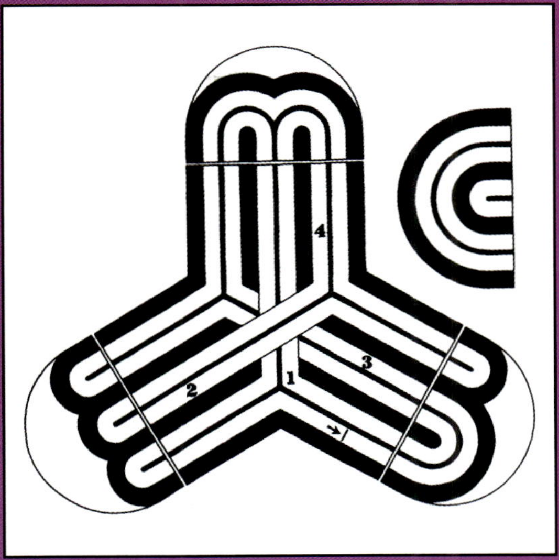

PISTE FERMÉE

Sur cette piste se dispute actuellement une course entre 4 voitures numérotées de 1 à 4. De par sa forme, la piste ne permet qu'à la voiture 3 de franchir la ligne d'arrivée. Parmi les 4 séries de virages illustrées, réarrangez-en 3 autour de la section centrale, de manière à construire une seule piste continue utilisant toutes les surfaces de route et permettant à toutes les voitures de finir la course dans l'ordre 1, 2, 3, 4.

Solution en page 312.

Indice du jeu 52 : Le plus petit numéro de page est 2 et le plus grand est 35.

57.

TÊTE MOUTONNÉE

Neuf bergers gardent 9 troupeaux de moutons de nombres consécutifs Pouvez-vous illustrer ces 9 troupeaux en chiffres dans les 9 brebis de l'image, de manière que la somme des nombres de chaque rangée, colonne et diagonale de 3 brebis soit égale à 1995 ?

Solution en page 307

(Besoin d'un indice ? Allez à la page 206.

Indice du jeu 53 : Pour commencer, déplacez le signe d'égalité vers la droite

58.

15X
+ 1Y
———
1Z

DOUBLE TROUBLE

Voici un problème de mathématiques ayant 2 solutions différentes. À vous de les trouver. Dans chaque cas, cherchez 15 de quelque chose (X) et 1 d'autre chose (Y), dont la somme donne 1 d'autre chose encore (Z). Par exemple, si l'équation était 9 X + 14 Y = 10 Z, la solution pourrait être 9 m + 14 cm = 10 verges.

Solution en page 310.

(Besoin d'un indice ? Allez à la page 202.)

59.

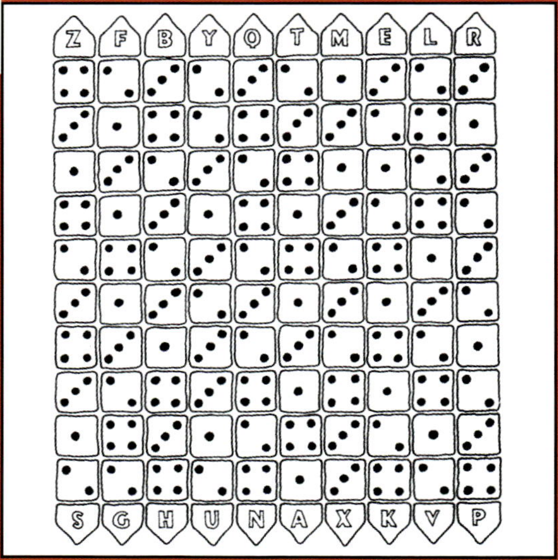

DÉCHIFFREUR DE DÉS 1

En utilisant une série répétitive de 4 chiffres (ex. : 2-4-1-3, 2-4-1-3, et ainsi de suite), tracez un chemin à partir de n'importe quelle lettre du haut vers n'importe quelle lettre du bas. Vous pouvez vous déplacer horizontalement et verticalement vers un dé adjacent libre.

Solution en page 307.

Indice du jeu 58 : Dans les 2 solutions, il est question de pièces détachées.

60.

SAIN OU SAUF

Chacun de ces navires a lancé un signal de détresse. Pouvez-vous tracer 3 routes reliant chaque navire à chacune des lettres du SOS ? En aucun cas vos lignes ne peuvent se croiser ou traverser un navire.

Solution en page 313.

Indice du jeu 55 : Les sommes sont de 13 et 26.

61.

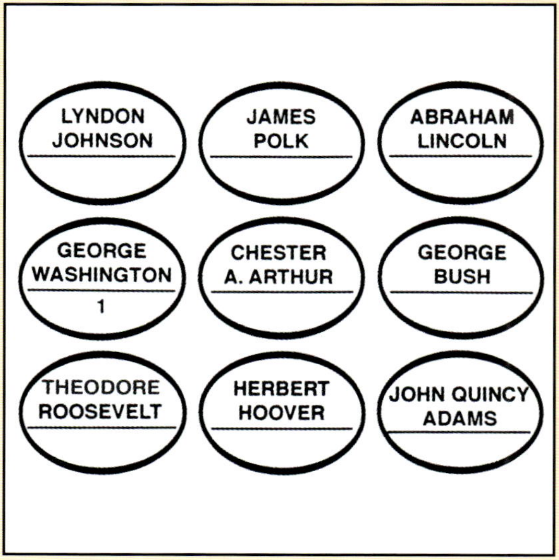

BUREAU OVALE

Neuf présidents des États-Unis occupent 9 bureaux ovales. Ce sont les 1er, 6e, 11e, 16e, 21e, 26e, 31e, 36e et 41e présidents. En numérotant correctement l'ordre des présidents dans leur bureau ovale, comme le montre l'illustration (Washington 1), vous obtiendrez un carré magique dans lequel toutes les rangées, colonnes et diagonales de 3 bureaux totaliseront le même nombre de points.

Solution en page 312

62.

AL	WA	UT	CA	NY	VA	NJ
DE	FL	ND	WY	AK 1	PA	MD
SC	MA	IA	NE	ID	NV	TN
MS	KY	VT	WI	GA	KS	NM
TX	NC	ME	RI 49	AR	OK	OR
CO	MT	OH	WV	CT	IL	SD
MO	MN	AZ	LA	IN	NH	MI

CARRÉS UNIS D'AMÉRIQUE

Les abréviations anglaises des 49 États continentaux des États-Unis apparaissent dans ce tableau. L'Alaska, le plus grand État en superficie, est le numéro 1; le Rhode Island, le plus petit, est le numéro 49. Classez les autres États continentaux selon leur taille, de façon que chaque rangée, colonne et diagonale de 7 carrés totalise 175 points. Même si vous n'êtes pas un génie en géographie, quelques tâtonnements vous mèneront à bon port.

Solution en page 309.

63.

GRAND 8

Circulez dans ce labyrinthe en forme de 8 en reliant chacun des 7 points par une ligne continue. N'utilisez une voie ou une intersection que une seule fois. Vos points de départ et d'arrivée se trouvent dans les 2 culs-de-sac.

Solution en page 313.

Indice du jeu 57 : Le plus petit troupeau est formé de 661 moutons.

CHAPITRE

4

Casse-têtes énigmatiques

1.

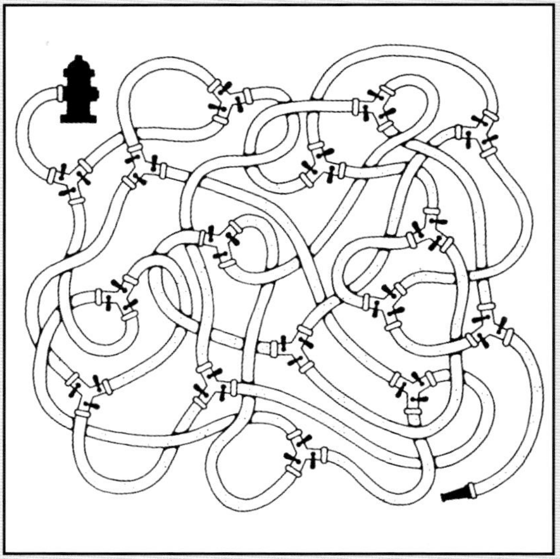

LABYRINTHE D'EAU 2

Chaque connexion en Y comporte 3 valves. Ouvrez le nombre minimal de valves permettant à l'eau de circuler de la bouche d'incendie à l'embout du tuyau. Au début du jeu, toutes les valves sont fermées.

Solution en page 316

(Besoin d'un indice ? Allez à la page 211.)

2.

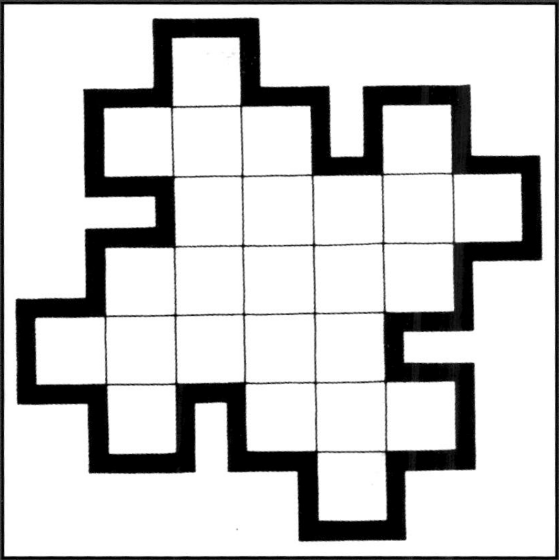

CHAMBRE NOIRE

En noircissant seulement 5 carrés, divisez cette figure en 5 sections de taille et de forme égales.

Solution en page 318.

(Besoin d'un indice ? Allez à la page 214.)

3.

SIMPLICITÉ ABSOLUE

Tracez un chemin de A à B traversant les 5 cavernes circulaires. N'empruntez une voie que une seule fois.

Solution en page 319.

4.

ÉTOILES MAGIQUES

Placez les chiffres de 1 à 8 dans les étoiles vacantes de manière que chaque rangée de 3 étoiles totalise 15 points.

Solution en page 321.

Indice du jeu 1 : Le nombre minimal est de 12 valves.

5.

NAVIGATION STELLAIRE

Il y a 37 étoiles dans ce labyrinthe galactique. Six d'entre elles sont déjà numérotées et prédéterminent chaque étape de votre épopée stellaire. En partant de l'étoile 1, numérotez successivement chaque étoile jusqu'à ce que vous atteigniez la 37. Vous ne pouvez voyager que d'une étoile adjacente à une autre et ne devez jamais les revisiter.

Solution en page 323

6.

CHEVAUCHEMENT

À l'aide des informations ci-dessous, identifiez chaque rectangle par une lettre de A à J.

A chevauche D, E
B chevauche E, F
C chevauche D, G, I
D chevauche A, C, F
E chevauche A, B, H
F chevauche B, D, G
G chevauche C, F, J
H chevauche E, I
I chevauche C, H, J
J chevauche G, I

Solution en page 325.

7.

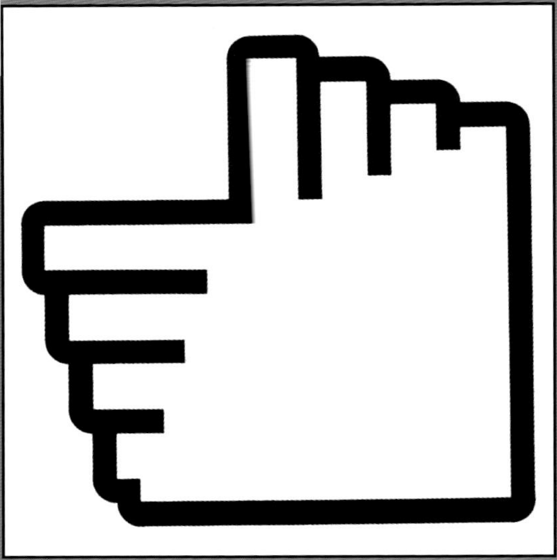

CARRÉ DIABOLIQUE

Divisez la surface vide de cette figure en 8 morceaux de façon à pouvoir les réarranger en un carré parfait. Mise en garde : Voici un casse-tête des plus diaboliques et frustrants. Il serait sans doute plus sage d'examiner la solution, fascinante et inattendue, avant de vous arracher les cheveux.

Solution en page 324.

Indice du jeu 2 : Les 5 carrés noircis donnent la même forme que les 5 sections.

8.

VIRAGE EN S

Circulez dans ce labyrinthe en forme de S en reliant chacun des 6 points avec une ligne continue. N'utilisez une voie ou une intersection que une seule fois. Vos points de départ et d'arrivée se trouvent dans les 2 culs-de-sac.

Solution en page 316.

9.

TEMPLE AZTÈQUE

Tracez un chemin reliant les 6 soleils avec une ligne continue. Partez du soleil avec la flèche, en bas à gauche, et finissez à celui du haut à droite. N'empruntez un passage que une seule fois.

Solution en page 318

10.

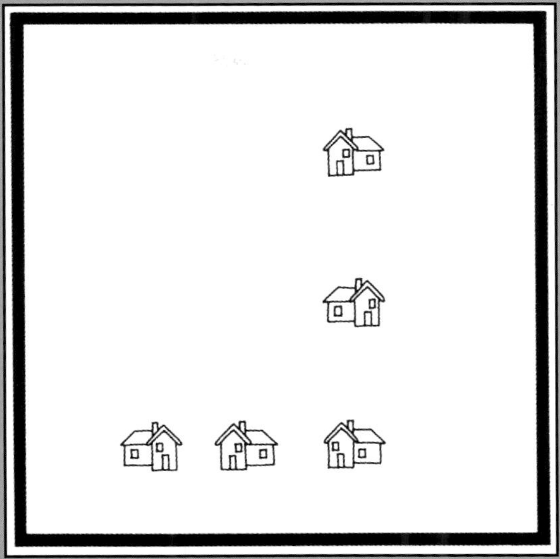

TESTAMENT

Un fermier a légué à chacun de ses 5 fils une parcelle d'une terre de 400 acres.

- Son fils aîné reçoit 200 acres.
- Son deuxième fils reçoit 100 acres.
- Son troisième fils reçoit 50 acres.
- Ses fils cadets, des jumeaux, reçoivent chacun 25 acres.

En outre, chaque parcelle a la même forme et contient une maison.

Comment la terre a-t-elle été divisée ?

Solution en page 319.

11.

VOIE VICTORIEUSE

Sur cette autoroute labyrinthique de voies supérieures et inférieures, votre but est d'atteindre le cercle V de la victoire et non le cercle D de la défaite. Roulez toujours dans le sens de la circulation, sur les rampes et les lignes droites, comme vous le feriez sur une vraie autoroute.

Solution en page 323.

12.

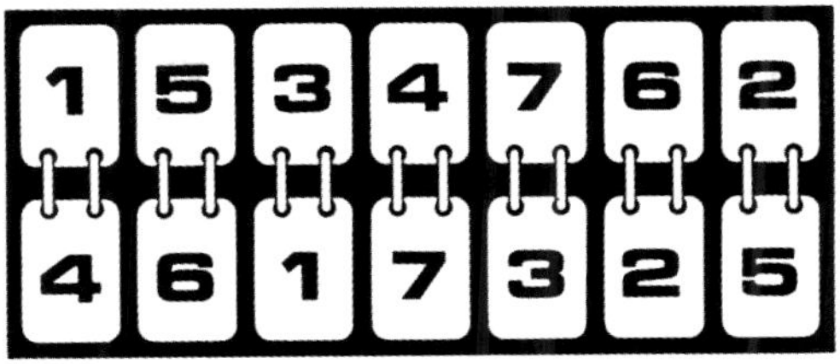

FICHES DE POINTAGE

Dans chacune de ces 2 rangées de fiches, les nombres de 1 à 7 donnent un total de 28. Votre travail consiste à rabattre 3 cartes de la rangée du haut sur celles de la rangée du bas (le dos de chaque carte est blanc), de façon que la somme des nombres de chaque rangée soit la moitié du total actuel.

Solution en page 321.

13.

CIRCUIT FLÉCHÉ 2

Dans ce labyrinthe, les sens sont prédéterminés et les voies ont une valeur numérique. En partant de l'intersection du bas, passez par chacune des 5 autres et retournez au point de départ en amassant le moins de points possible.

Solution en page 324

(Besoin d'un indice ? Allez à la page 223.)

14.

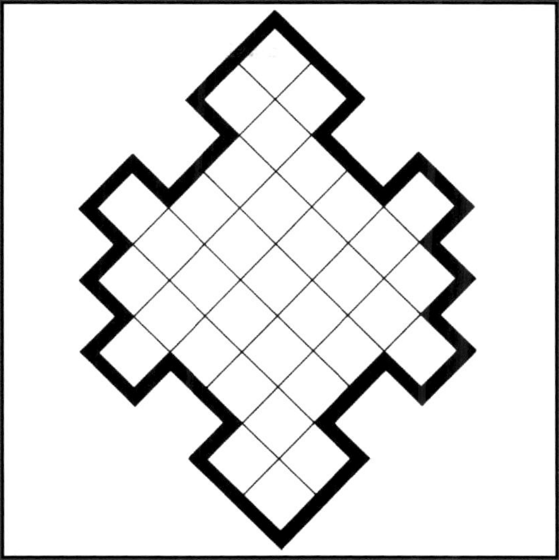

CARRÉS RESTANTS

Ce casse-tête a 2 solutions complètement différentes et fascinantes. Pour chaque solution, noircissez 3 différents carrés, puis divisez les 32 restants en 4 sections de taille et de forme identiques.

Solution en page 326.

15.

ASPHALTAGE

Examinez le schéma incomplet de ces chaussées qui serpentent et s'entrelacent. Il y a 30 bouches d'égout positionnées stratégiquement dans les parties complétées des chaussées. Vous devez finir le schéma en insérant 4 carrés de chaussées entrecroisées et 4 carrés de chaussées courbées. Les 6 chaussées, commençant aux culs-de-sac du haut et se terminant à ceux du bas, doivent toutes contenir le même nombre de bouches d'égout.

Solution en page 323.

16.

DESTIN MANIFESTE

Le motif des 48 étoiles du drapeau américain en laisse voir 24 dans le périmètre et 24 à l'intérieur. Combien d'étoiles devrez-vous ajouter pour que ce phénomène de colonnes et de rangées se reproduise ?

Solution en page 316.

Indice du jeu 13 : Le total le plus bas est de 46 points.

17.

AU CLAIR DES ÉTOILES

Neuf étoiles parsèment ce labyrinthe. En partant de l'étoile de un de 2 culs-de-sac, tracez une ligne continue reliant toutes les étoiles et finissan à l'étoile de l'autre cul-de-sac. Ne repassez pas sur un même chemin.

Solution en page 321

18.

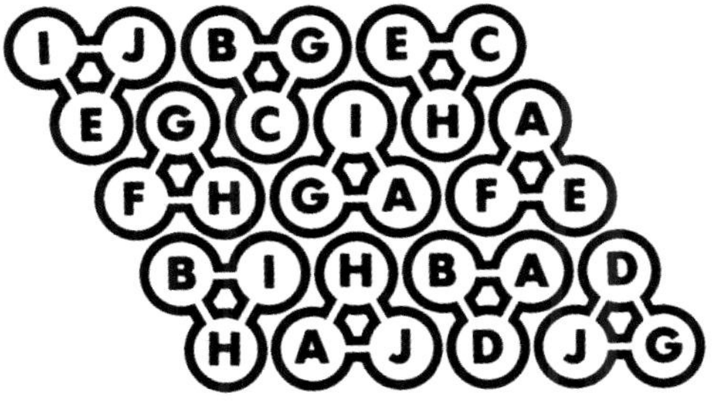

LETTRES CODÉES

Chacun des 10 cercles de ce casse-tête contient une lettre correspondant à un chiffre de 1 à 10. Substituez les chiffres aux lettres de façon que :) Chaque groupe de 3 cercles totalise 15 points. 2) Chaque alignement orizontal de 6 cercles totalise 30 points. 3) Chacun des 6 alignements iagonaux de 5 cercles totalise 25 points.

Solution en page 326.

19.

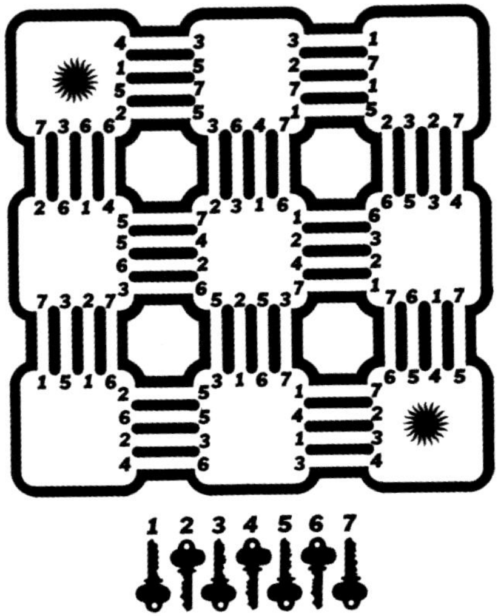

DÉCISION CLÉ 3

Ces clés numérotées correspondent aux corridors verrouillés du casse-tête. Votre défi consiste à choisir seulement 3 clés permettant d'ouvrir les bons corridors pour passer d'une pièce ensoleillée à l'autre.

Solution en page 320.

20.

DÉTOUR

Placez-vous sur l'étoile du bas et rendez-vous à l'étoile du haut. Commencez votre voyage en avançant de une, deux, trois, quatre ou cinq cases vers le haut. Dans la case choisie, la flèche montre la direction, et le nombre de points indique la position du prochain arrêt. Si une case contient deux flèches, prenez la route qui vous convient.

Solution en page 317.

21.

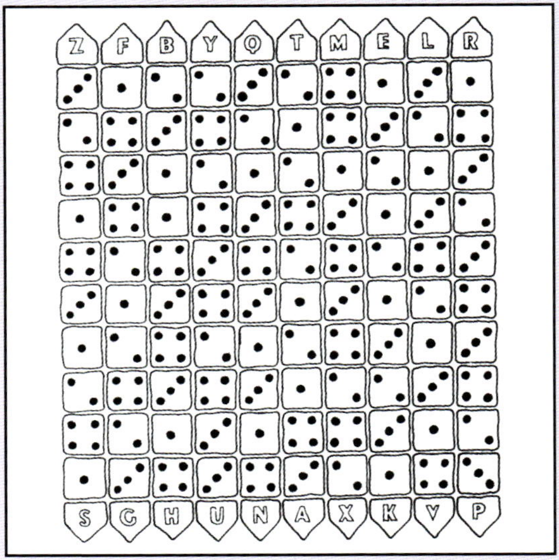

DÉCHIFFREUR DE DÉS 2

En utilisant une séquence répétitive de 4 chiffres (ex. : 2 = 4 = 1 = 3 2 = 4= 1 = 3, et ainsi de suite), tracez un chemin à partir de n'importe quelle lettre du haut vers n'importe quelle lettre du bas. Vous pouvez vous déplacer horizontalement et verticalement vers un dé adjacent libre.

Solution en page 326

22.

BULBES ET TUBES

En excluant seulement le 10, placez des chiffres de 1 à 19 dans les 18 bulbes de ce jeu. Vous devez tenir compte des critères suivants : 1) Chaque paire de bulbes reliés par un tube doit totaliser 20 points. 2) Les 3 bulbes dans chacune des 6 partitions extérieures doivent totaliser 30 points.

Solution en page 320.

23.

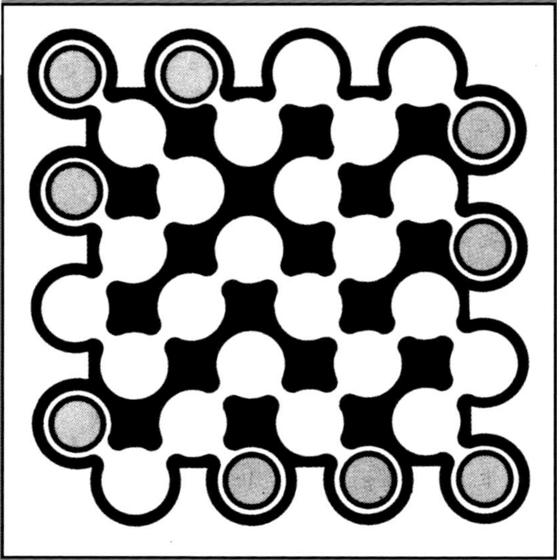

SAUTS DE PIONS

Le long de ces passages labyrinthiques, la distance entre toute paire de pions peut être mesurée en comptant le nombre de sauts qui les séparent. Numérotez les pions de 1 à 9, en vous basant sur ces 12 indications de distance entre les pions, des plus proches aux plus éloignés :

1 et 7	5 et 9	1 et 3
3 et 6	2 et 8	7 et 9
2 et 9	5 et 7	2 et 6
4 et 8	2 et 4	6 et 9

Solution en page 326.

24.

R DU TEMPS

Circulez dans ce labyrinthe en forme de R en reliant chacun des 7 points avec une ligne continue. N'utilisez une voie ou une intersection que une seule fois. Vos points de départ et d'arrivée se trouvent dans les 2 culs-de-sac.

Solution en page 322.

25.

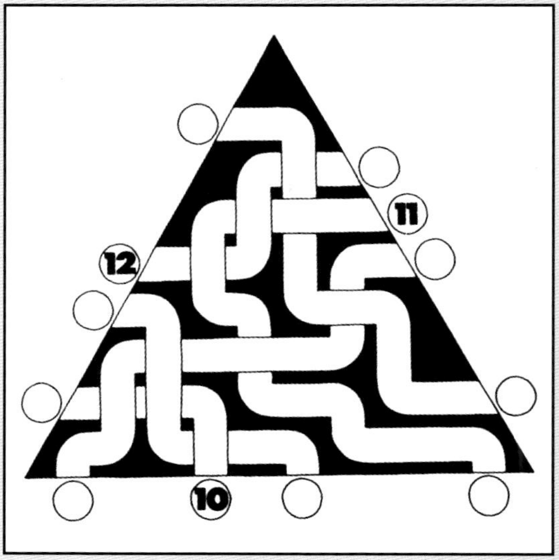

LABYRAMIDE 2

Placez les chiffres restants de 1 à 12 dans les cercles vacants autour de la pyramide, en respectant les conditions suivantes : 1) La somme des chiffres des issues est la même pour les 6 passages entrecroisés. 2) Les 3 côtés de la pyramide ont un total de points identique.

Solution en page 316.

(Besoin d'un indice ? Allez à la page 236.)

26.

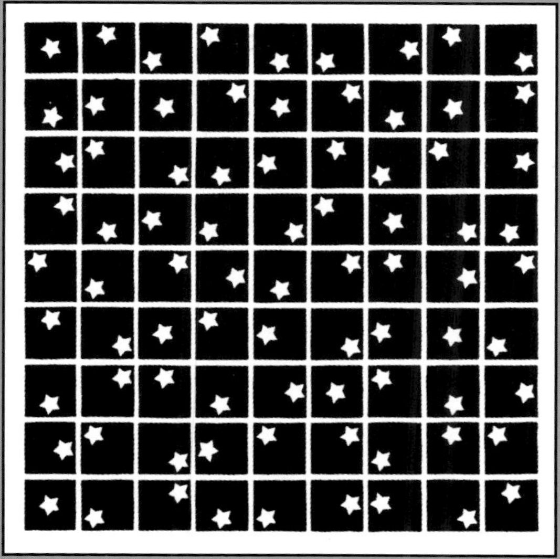

CARRÉ ÉTOILÉ

Dans chaque carré, une étoile occupe l'une des neuf positions : en haut à gauche, en haut au centre, en haut à droite, au centre à gauche, au centre, au centre à droite, en bas à gauche, en bas au centre ou en bas à droite. Votre défi consiste à localiser un groupe de 3 carrés sur 3, soit 9 carrés, contenant une étoile dans chaque position.

Solution en page 323.

27.

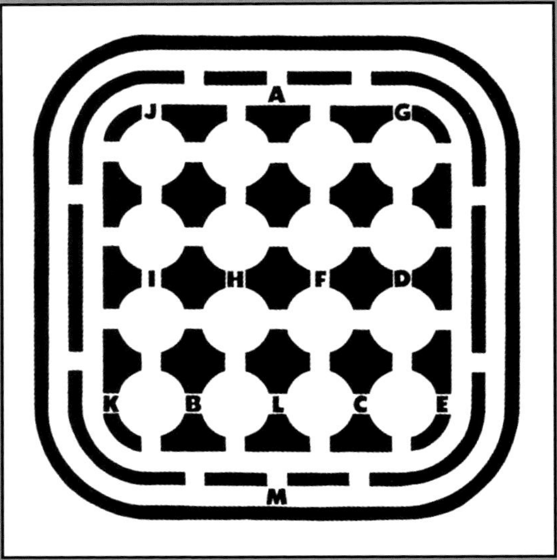

COUR INTÉRIEURE

Tracez une ligne continue en suivant l'ordre alphabétique de A à M. Vous devez entrer 2 fois dans chacune des 16 salles de cette cour intérieure, mais ne pouvez emprunter un chemin que une seule fois. Votre ligne ne doit jamais se croiser.

Solution en page 324.

28.

ŒUFS FÊLÉS

En utilisant seulement 7 traits droits, divisez cette caisse de 96 œufs de canard en 8 compartiments. Chaque compartiment doit contenir une douzaine d'œufs, dont 2 cassés.

Solution en page 326.

29.

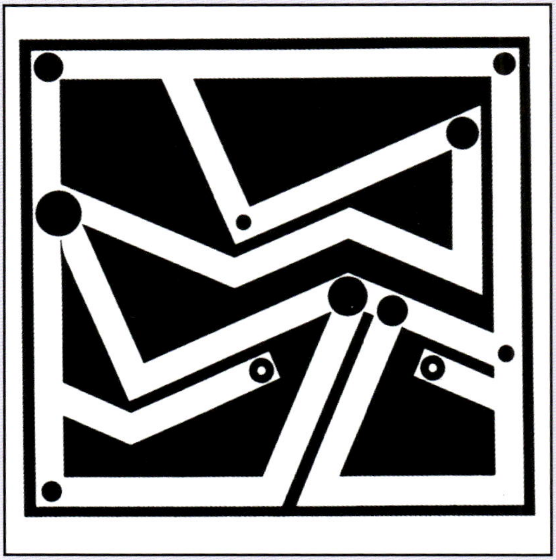

ABSTRAITEMENT

Circulez dans ce labyrinthe en reliant le plus de cercles noirs possible avec une ligne continue. Ne repassez jamais sur une même voie. Commencez et finissez aux cercles blancs dans les culs-de-sac.

Solution en page 316

Indice du jeu 25 : Les sommes sont de 13 et 26

30.

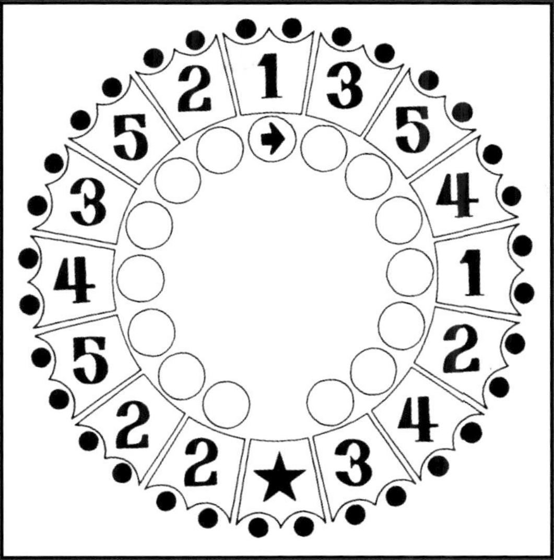

ROUE VALSEUSE

Commencez au chiffre 1 en haut de la roue. En vous déplaçant selon le nombre indiqué de pas, vous devez visiter chaque case de la roue seulement une fois et terminer votre voyage à l'étoile. Seule la première flèche directionnelle est indiquée. Déterminez la direction de vos prochains déplacements en plaçant une flèche dans le cercle adjacent à la case visitée.

Solution en page 318.

31.

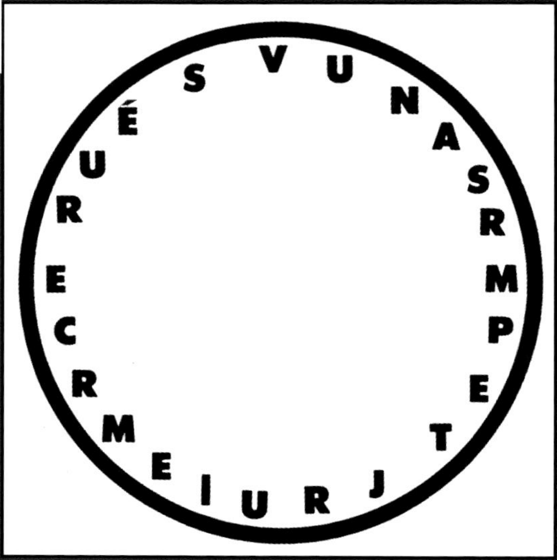

DIVISION RÉVÉLATRICE

À l'aide de 2 lignes droites, divisez ce terrain en 4 sections. Si les lignes sont tracées correctement, vous découvrirez 4 mots sur un thème commun, en remettant dans le bon ordre les lettres de chaque section.

Solution en page 320.

(Besoin d'un indice ? Allez à la page 242.)

32.

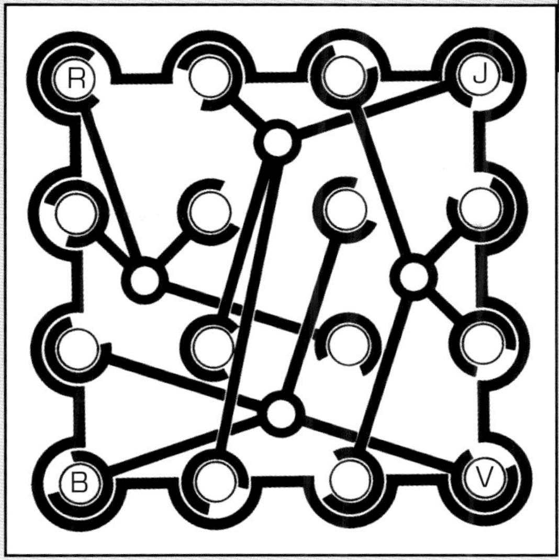

ATTACHE-BOUTONS

Quatre dispositifs d'attache inhabituels retiennent chacun 4 boutons. Votre défi consiste à colorier les boutons blancs de façon que : 1) Chaque dispositif attache 1 bouton rouge, 1 jaune, 1 bleu et 1 vert. 2) Chaque rangée, colonne ou diagonale de 4 boutons contienne aussi 1 bouton rouge, 1 jaune, 1 bleu et 1 vert. Les couleurs des boutons aux 4 coins sont indiquées.

Solution en page 322.

33.

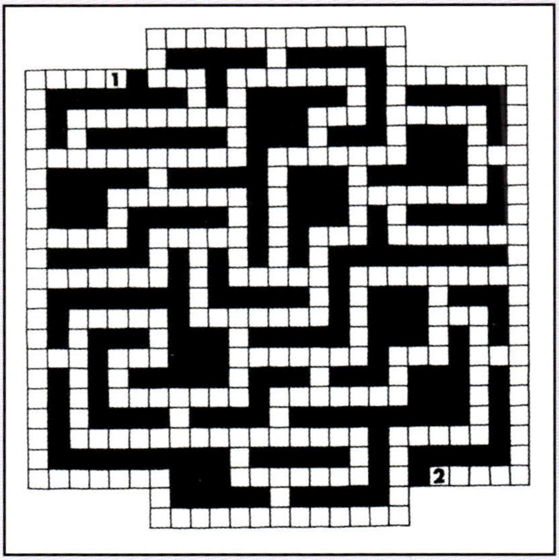

FAUSSE REPRÉSENTATION

Déguisé en mots-croisés, ce labyrinthe vous met au défi de tracer une ligr continue de 1 à 2 en passant par le plus grand nombre de cases. Aucur case ne peut être revisitée.

Solution en page 32

(Besoin d'un indice ? Allez à la page 244

34.

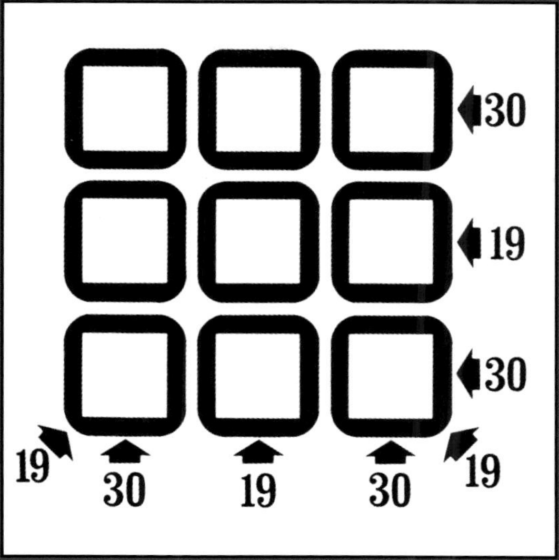

1930

oici un problème de carré magique dont la résolution ne nécessite ue 2 caractères numériques différents. Positionnez 1 des 2 chiffres dans hacun des 9 carrés de manière à révéler les nombres 19 et 30 dans hacune des rangées, colonnes et diagonales de 3 carrés correspondantes. es chiffres négatifs ne sont pas permis.

Solution en page 327.

(Besoin d'un indice? Allez à la page 247.)

35.

DEMI-ÉTAGE

En regardant attentivement, vous verrez 2 casse-têtes entrelacés. En partant de chaque flèche sur la gauche, tracez 2 chemins distincts, dans le labyrinthe, jusqu'aux flèches d'arrivée sur la droite. Le total de points de un chemin doit être le double de celui de l'autre. N'utilisez un passage ou un nombre que une seule fois.

Solution en page 325.

Indice du jeu 31 : Il s'agit d'un thème vraiment planétaire.

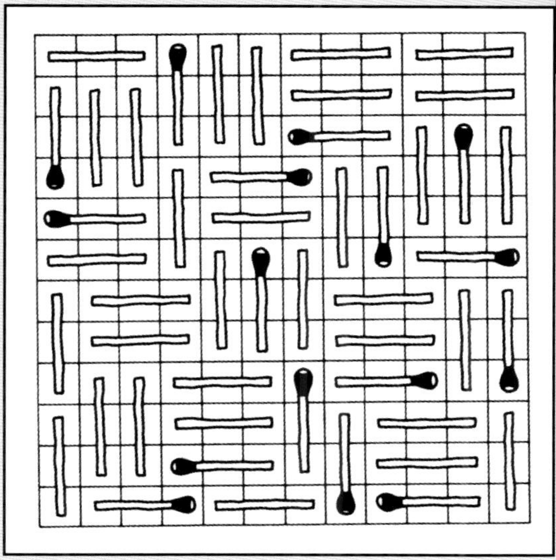

36.

ALLUMETTES MAGIQUES

Dessinez les 32 têtes d'allumettes manquantes de façon que toutes les rangées, colonnes et diagonales de carrés aient le même nombre de têtes.

Solution en page 316.

(Besoin d'un indice ? Allez à la page 251.)

37.

FOURMILIÈRE

Tracez l'unique chemin que cette fourmi devra emprunter si elle veut distribuer le morceau de nourriture également dans ses 7 loges. La fourmi ne pourra en aucun cas prendre la même galerie plus de une fois durant son travail.

Solution en page 318

Indice du jeu 33 : Il est possible d'inclure toutes les cases sauf 20

38.

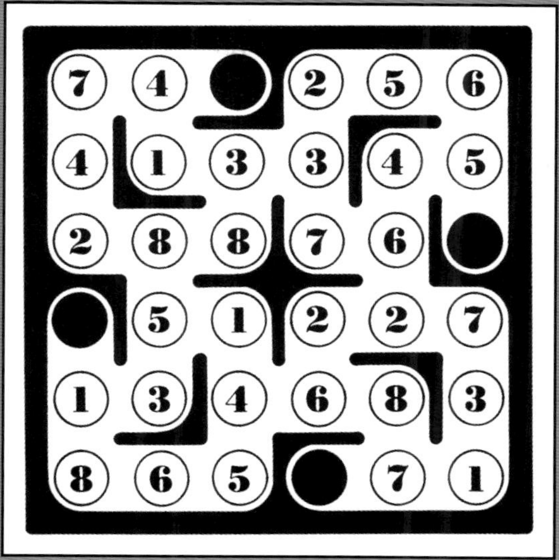

CHOIX COMPTÉ

Choisissez 2 des 4 cercles noirs et tracez un chemin reliant un nombre égal de cercles de chaque valeur numérique. Par exemple, si votre trajet inclut les chiffres 2, 3, 5 et 8, il doit contenir le même nombre de chacun de ces chiffres. Respectez les partitions en circulant horizontalement ou verticalement d'un cercle adjacent à l'autre. N'utilisez un cercle que une seule fois.

Solution en page 320.

39.

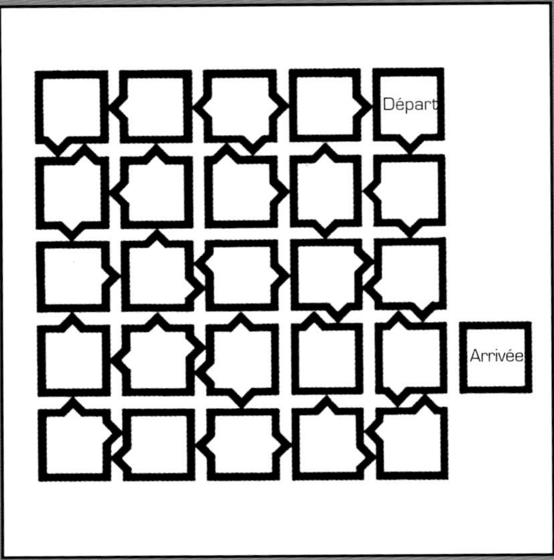

SORTIE CARRÉE

Dans ce jeu, la case sur laquelle vous vous arrêtez détermine la direction de votre prochain déplacement. À partir d'un endroit donné, vous pouvez avancer d'un nombre de cases au choix, horizontalement ou verticalement, en suivant une ligne droite dans la direction indiquée par une flèche. Par exemple, en partant de la case départ, vous pouvez vous déplacer seulement vers l'une des quatre cases vers le bas. Le but est de trouver un chemin vers le carré de la sortie.

Solution en page 321.

40.

ALLEZ-Y

Circulez dans ce labyrinthe en forme de Y en reliant chacun des 7 points avec une ligne continue. N'utilisez une voie ou une intersection que une seule fois. Vos points de départ et d'arrivée se trouvent dans les 2 culs-de-sac.

Solution en page 323.

Indice du jeu 34 : Pensez aux Romains.

41.

FOSSE AUX LANCES

En partant du centre de ce labyrinthe, trouvez 1 chemin vers chacune des intersections. Vous ne pouvez circuler que dans le sens indiqué par les lances et en aucun cas retraverser la même intersection.

Solution en page 325

42.

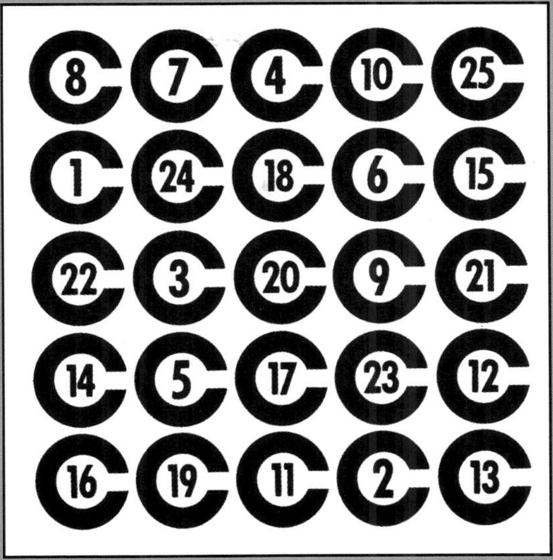

C OUVERT

Les nombres 1, 3, 7 et 18 forment un carré parfait totalisant 29 points. Pouvez-vous repérer un autre carré parfait, de n'importe quelle taille, donnant le plus grand score possible ?

Solution en page 327.

43.

EN ALTERNANCE

En partant du point noir à l'extrême gauche, tracez un chemin reliant chacun des 14 points du jeu, en alternant les noirs et les blancs et en finissant par le point blanc à l'extrême droite. N'empruntez une voie ou une intersection que une seule fois.

Solution en page 317.

44.

IDÉE FIXE

Pouvez-vous déterminer les 3 nombres manquants pour compléter cette suite numérique ?

Solution en page 318.

(Besoin d'un indice ? Allez à la page 255.)

Indice du jeu 36 : Il faut 4 têtes d'allumettes par rangée.

45.

À PLEIN POT

Dans ce labyrinthe enfermé dans un pot, vous devez tracer 3 chemins différents, un de A à A, un de B à B et un de C à C. Chacun des 6 points doit être traversé par 1 des 3 chemins et chaque chemin doit relier un nombre différent de points. N'empruntez un passage que une seule fois.

Solution en page 320.

(Besoin d'un indice ? Allez à la page 256.)

46.

CANARDS D'EAU 3

Il y a 3 types différents de canardeaux dans cette figure. Placez 6 autres canardeaux dans cette mare bidimensionnelle de manière que chacune des 5 rangées et des 5 colonnes présente les 3 types de canardeaux.

Solution en page 322.

47.

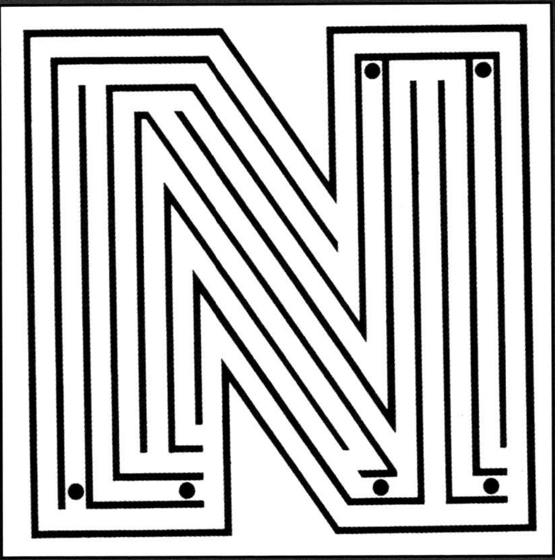

PUISSANCE N

Circulez dans ce labyrinthe en forme de N en reliant chacun des 6 points avec une ligne continue. N'utilisez une voie ou une intersection que une fois. Vos points de départ et d'arrivée se trouvent dans les 2 culs-de-sac.

Solution en page 317.

48.

ENTRELACEMENT

Chacun de ces anneaux doit être attaché à seulement 2 autres anneaux. La moitié des entrelacements est marquée. À vous de dessiner les 13 autres.

Solution en page 325.

Indice du jeu 44 : Il faut vraiment une idée fixe.

49.

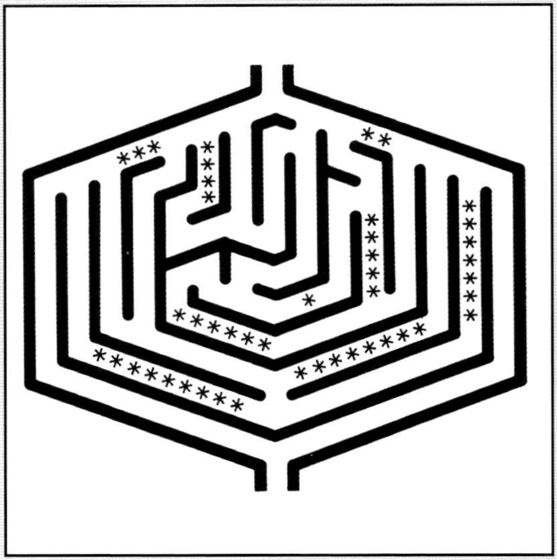

DE HAUT EN BAS

En entrant par le haut, tracez une ligne continue reliant le plus d'astérisques possible avant de sortir par le bas. Ne repassez pas sur une même voie ou intersection.

Solution en page 318.

(Besoin d'un indice ? Allez à la page 258.)
Indice du jeu 45 : A relie 2 points, B en relie 3 et C en relie 1.

50.

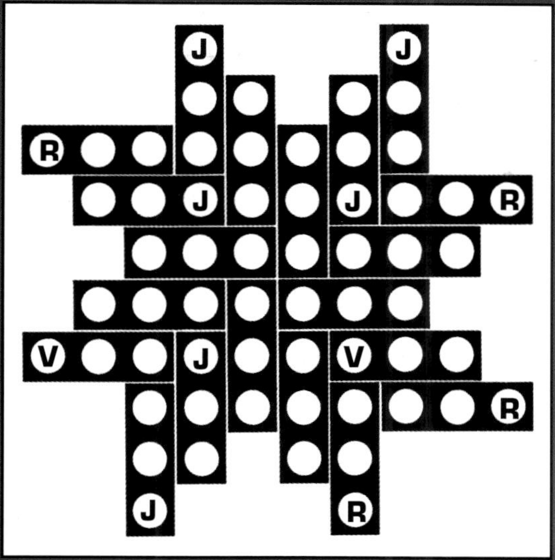

FEUX CROISÉS

Chacun de ces 20 feux de circulation doit comporter une ampoule rouge, une jaune et une verte. Les couleurs de 12 ampoules sont indiquées. Trouvez les couleurs des ampoules restantes, en faisant en sorte que 2 ampoules adjacentes horizontalement ou verticalement ne soient pas de la même couleur.

Solution en page 320.

51.

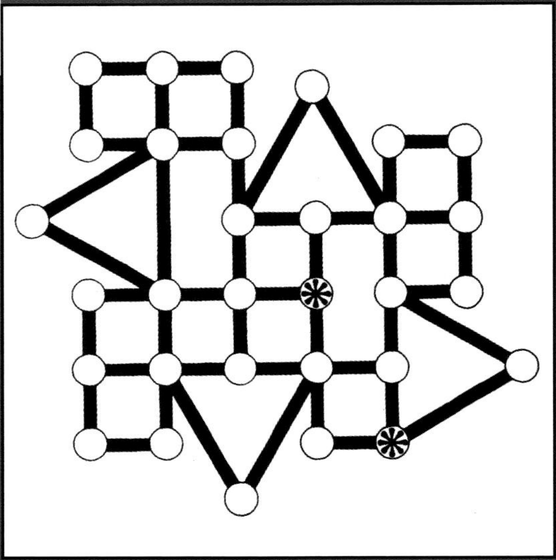

PASSAGE CLÉ

Votre défi consiste à vous rendre d'un astérisque à l'autre en effectuant un nombre pair de déplacements. Il y a de nombreuses routes, mais, dans chaque cas, un même passage doit toujours être emprunté. Pouvez-vous déterminer laquelle des 46 avenues est ce passage clé ?

Solution en page 322.

Indice du jeu 49 : Il est possible de relier tous les astérisques sauf 1.

52.

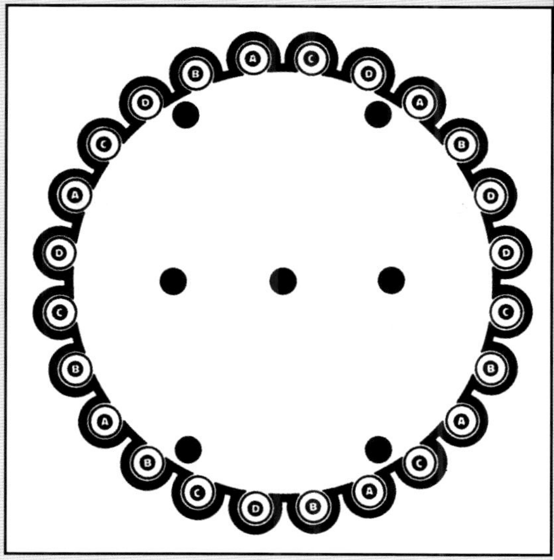

RONDE DE LETTRES 2

Choisissez 6 cercles portant la même lettre autour du périmètre, puis tracez 3 lignes droites reliant les paires de cercles pour diviser la ronde en 7 sections. Chaque section ne doit contenir que un seul point noir.

Solution en page 327.

53.

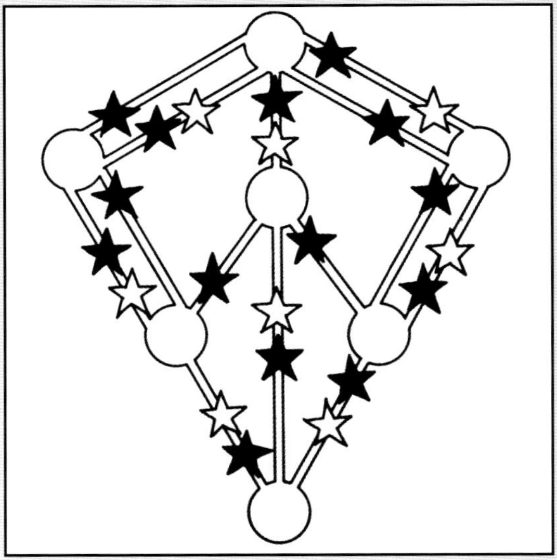

CERF-VOLANT

Commencez et finissez aux 2 étoiles blanches de votre choix, en reliant toutes les étoiles du jeu avec une ligne continue. Ne repassez pas sur une même voie. Vous pouvez entrer plusieurs fois dans une intersection, mais ne devez jamais croiser votre propre chemin.

Solution en page 325.

(Besoin d'un indice ? Allez à la page 264.)

54.

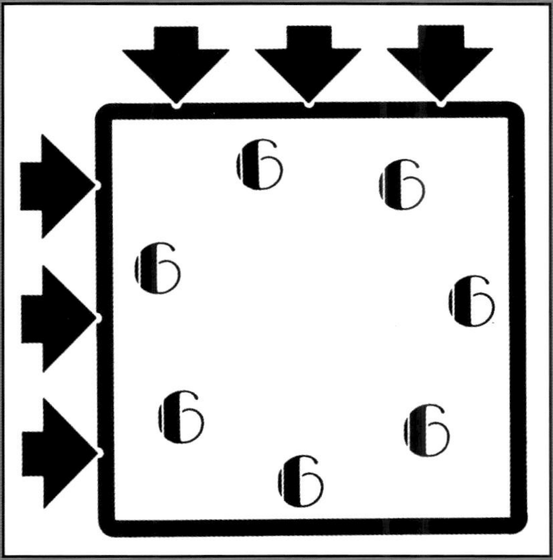

SIX ENCLOS

Votre défi consiste à subdiviser cette figure en 6 enclos carrés, de façon que toutes les flèches pointent vers un même nombre de 6. Quand une flèche traverse un enclos, tous les 6 à l'intérieur de cet enclos comptent.

Solution en page 319.

55.

LABYRINTHE D'EAU 3

Ouvrez le nombre minimal de robinets permettant à l'eau de circuler d'une flèche à l'autre. Au début du jeu, tous les robinets sont fermés.

Solution en page 324.

56.

VITAMINE A

Circulez dans ce labyrinthe en forme de A en reliant chacun des 6 points avec une ligne continue. N'utilisez une voie ou une intersection que une seule fois. Vos points de départ et d'arrivée se trouvent dans les 2 culs-de-sac.

Solution en page 322.

57.

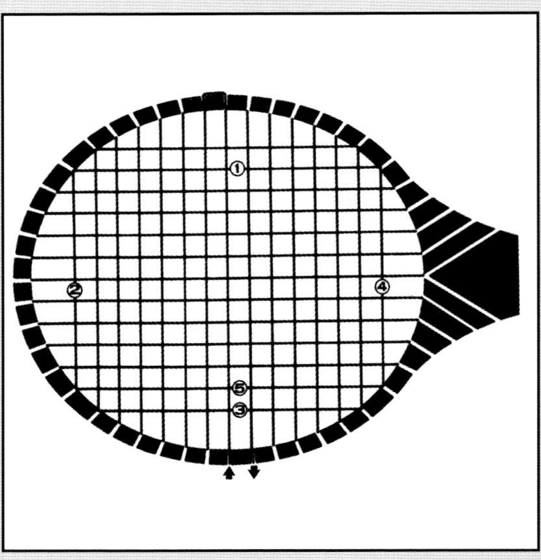

CHEMIN CORDÉ

Cette raquette de tennis est cordée avec un boyau continu. Tracez le chemin du boyau en commençant et en finissant aux flèches. Les 5 montants et travers numérotés doivent être cordés dans l'ordre et vous devez sortir et entrer par des œillets adjacents. Le même œillet peut être utilisé plus de une fois. Votre premier coup est indiqué.

Solution en page 317.

Indice du jeu 53 : Quelles intersections ont un nombre impair de passages ?

58.

INFLATION

Les chiffres de 1 à 20 sont présents sur ces 5 ballons, soit 4 chiffres sur chacun d'eux. Toutefois, seuls 2 des chiffres sont visibles sous cet angle. Déterminez les chiffres cachés de manière que les 5 ballons aient tous le même total de points.

Solution en page 325.

(Besoin d'un indice ? Allez à la page 266.)

59.

CIBLE ATTEINTE

Tracez 1 chemin de A à Z en passant par les 4 points. N'empruntez un passage que une seule fois.

Solution en page 324.

Indice du jeu 58 : Chaque ballon totalise 42 points.

60.

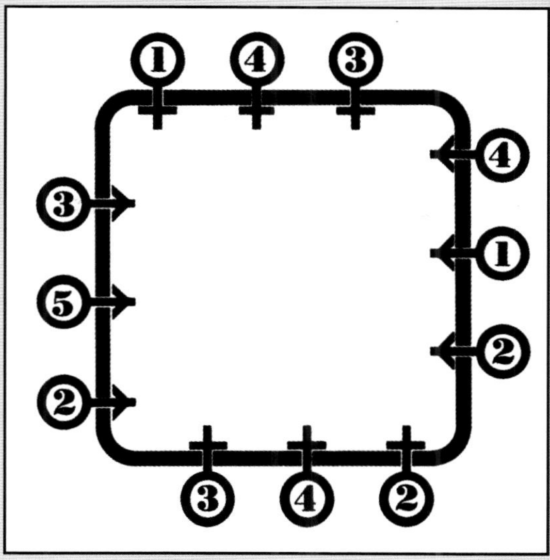

PASSES PERMISES

Sur les côtés de ce parc, six hommes s'apprêtent à entrer horizontalement. Six femmes, partant du haut et du bas du parc, avanceront verticalement. Le chiffre affiché dans chaque symbole masculin et féminin indique combien d'individus du sexe opposé cette personne devra dépasser dans le parc. Illustrez les déplacements en prolongeant le bout de chaque symbole.

Solution en page 317.

61.

MISE EN PIÈCES

Voici un labyrinthe vicieusement déguisé en casse-tête. En partant du point A et en finissant au point B, vous devez suivre les lignes noires formant les pièces du casse-tête de façon à encercler chacun des 6 points. Ne repassez pas sur une même ligne.

Solution en page 319.

62.

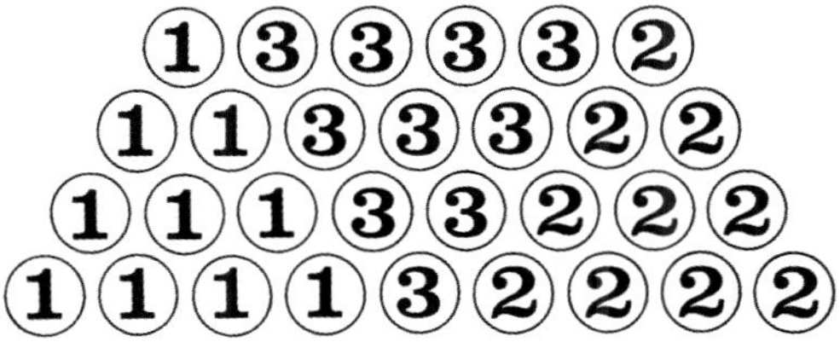

TRIANGLES EMBOÎTÉS

Chaque triangle de 10 boules a une valeur numérique différente. Dans cet agencement, les 4 rangées horizontales ont chacune un total de 15 points. Pouvez-vous réarranger les triangles de façon à former 5 rangées totalisant 12 points chacune ?

Solution en page 324.

63.

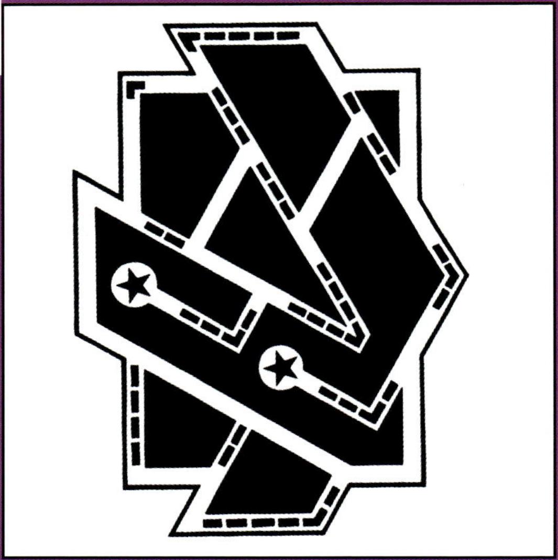

ÉTOILES EN SUSPENSION

Tracez un chemin de l'une des étoiles à l'autre, en passant exactement par 25 tirets. Vous ne pouvez utiliser un même corridor que une seule fois.

Solution en page 319.

64.

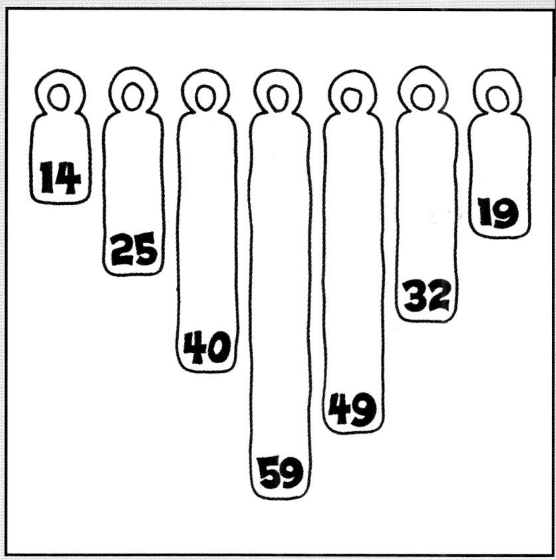

JEU DE PESAGE

Éliminez 1 des poids de ce casse-tête. Ensuite, formez 2 groupes différents de 3 poids, dont la somme des nombres sera exactement la même.

Solution en page 321.

(Besoin d'un indice ? Allez à la page 274.)

65.

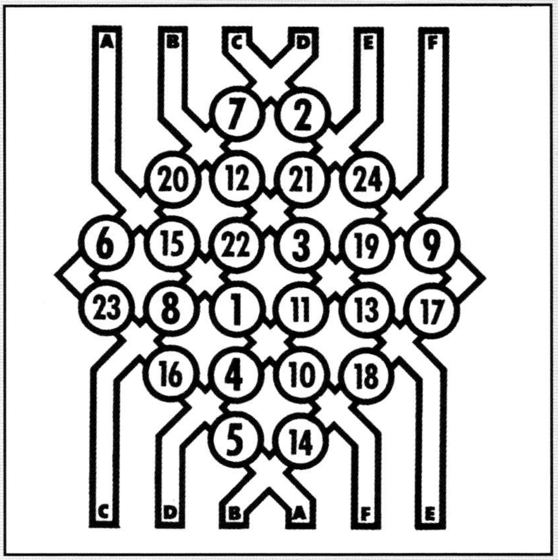

CINQUANTE EN DESCENDANT

Sans jamais bifurquer vers le haut, descendez chacun des 6 sentiers identifiés par des lettres, en amassant un total de 50 points et en finissant aux lettres identiques du bas. Les intersections peuvent être traversées 2 fois et les lignes peuvent se croiser, mais chaque nombre et chaque sentier ne peut être utilisé que une fois.

Solution en page 326.

66.

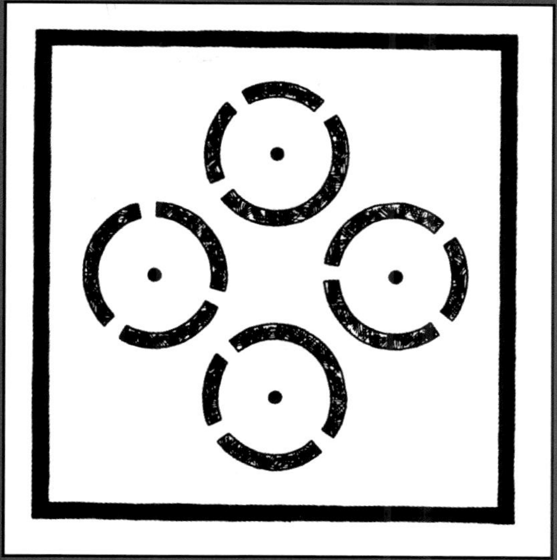

CHOIX D'ENTRÉE 2

En utilisant seulement 5 lignes droites, reliez les 4 points centraux en passant par les ouvertures les plus favorables des anneaux. Toutes les lignes doivent demeurer dans les limites du carré.

Solution en page 317.

67.

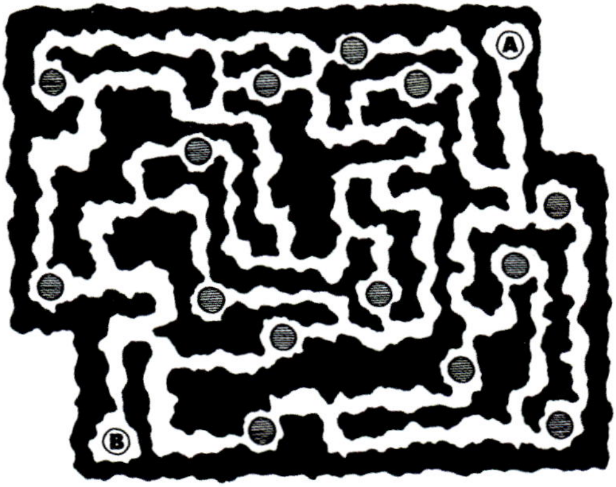

RENCONTRE MARÉCAGEUSE

Tracez la route que 2 explorateurs doivent suivre pour se rencontrer dans le marécage, après avoir visité chacun 7 îles circulaires. L'un des explorateurs part du site A et l'autre, du site B. Ils peuvent traverser un canal ou une île que une seule fois.

Solution en page 319.

Indice du jeu 64 : Éliminez le poids de 32.

68.

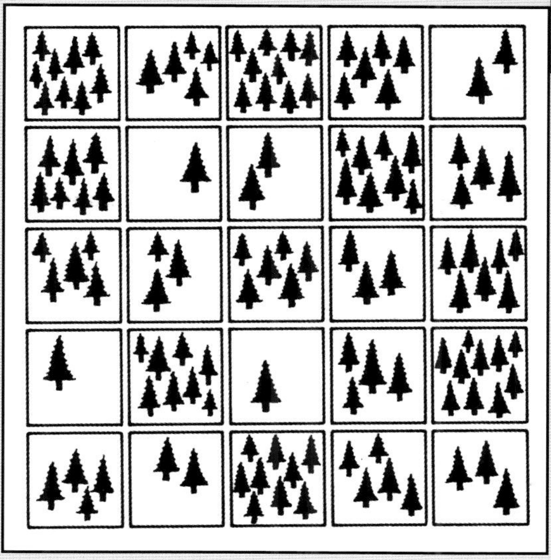

DIVISION FORESTIÈRE

Vous avez l'intention de vendre les droits d'exploitation de 24 de vos 25 acres de terre boisée à 4 compagnies forestières. Comment diviserez-vous votre terre en 4 sections de six acres adjacentes, de manière que chaque compagnie reçoive un nombre égal d'arbres ? Il vous restera une acre.

Solution en page 321.

(Besoin d'un indice? Allez à la page 276.)

69.

VOIE ATOMIQUE

En partant de la position 1, empruntez chacun des passages de cette structure cellulaire pour relier tous les numéros dans l'ordre, puis retournez à votre point de départ. Vous pouvez passer 3 fois dans chaque intersection, mais en aucun cas vos chemins ne doivent se croiser.

Solution en page 322.

Indice du jeu 68 : L'acre restante est un lot de coin.

CHAPITRE

1

Solutions

1) Les nœuds 49, 34 et 17.

8)

15)

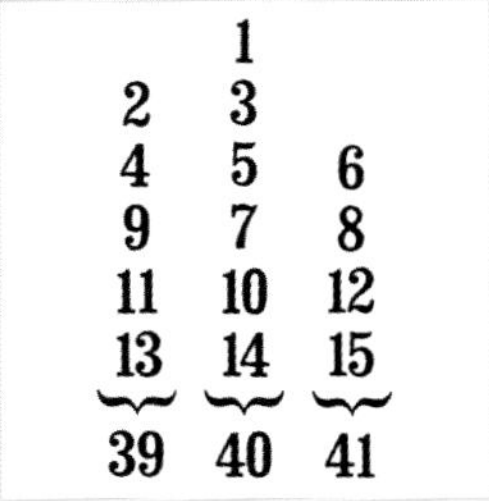

27)

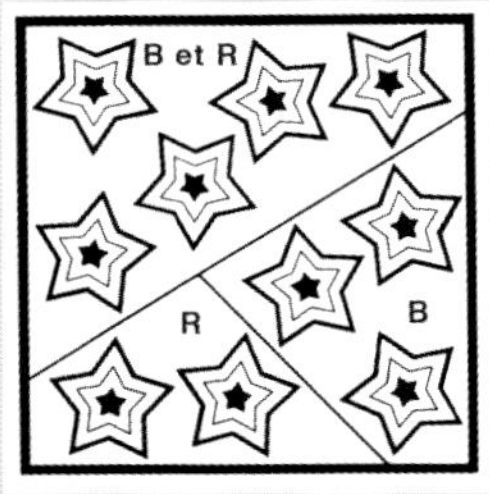

33)

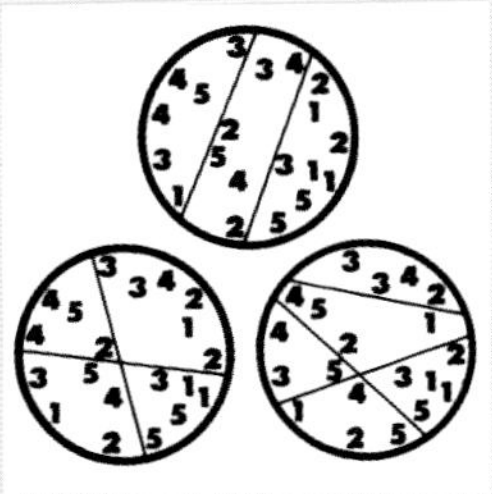

40)

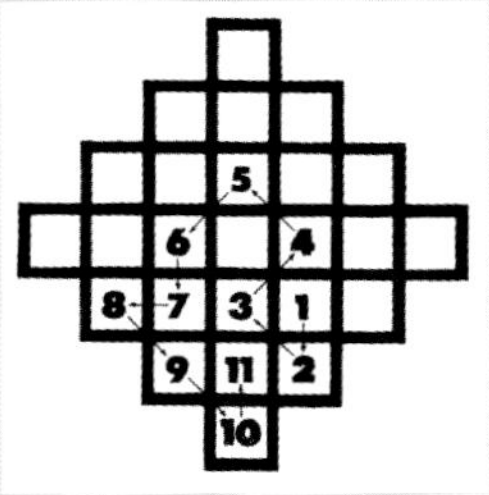

46)

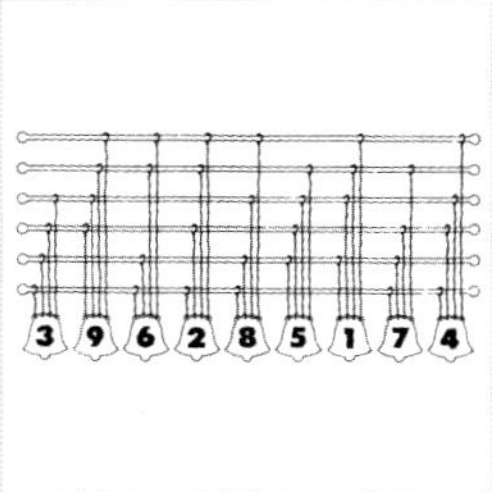

2)

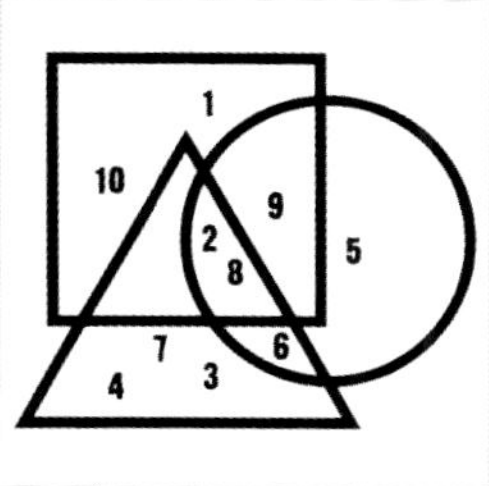

9)

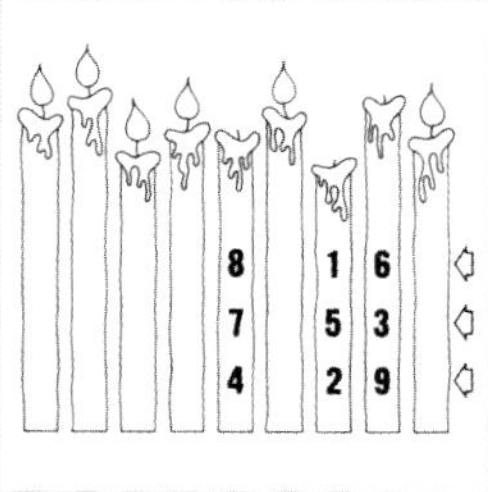

58)

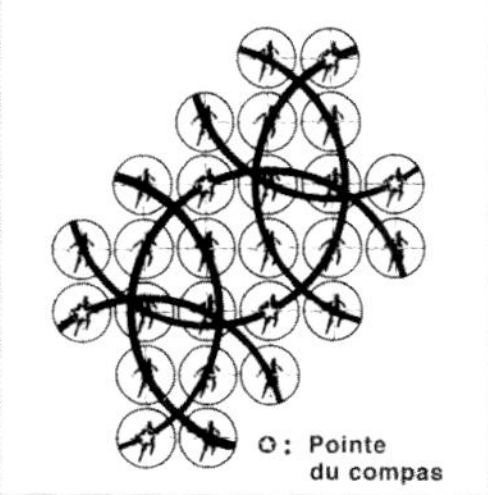

62)

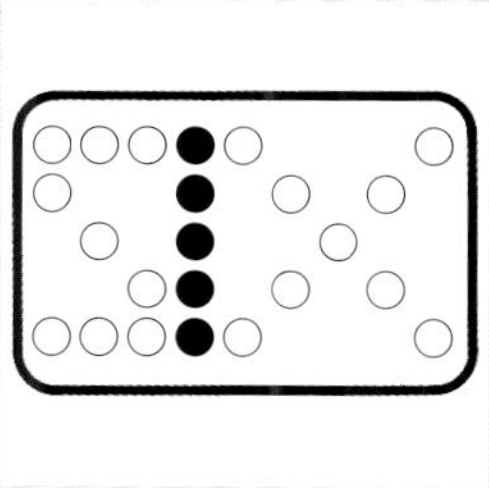

69) Les cake-walks sont de 15 et 63 carrés respectivement. Il y a un nombre infini de cake-walks plus grands. Chaque cake-walk croissant est le double du précédent +1 carré.

16)

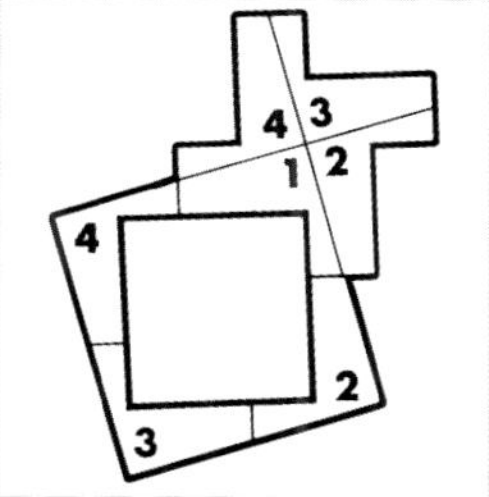

21) Chaque carré totalise 20 points.

28) Des variantes de chaque solution existent.

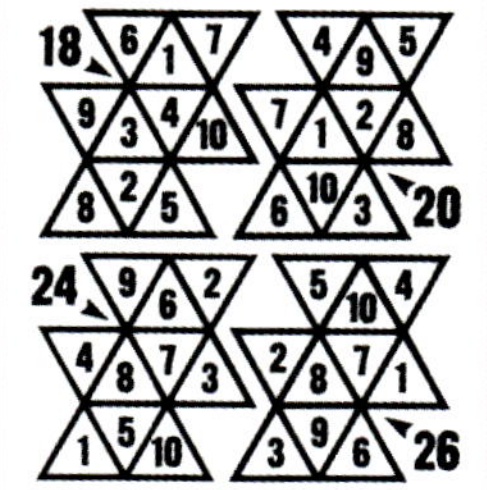

34)

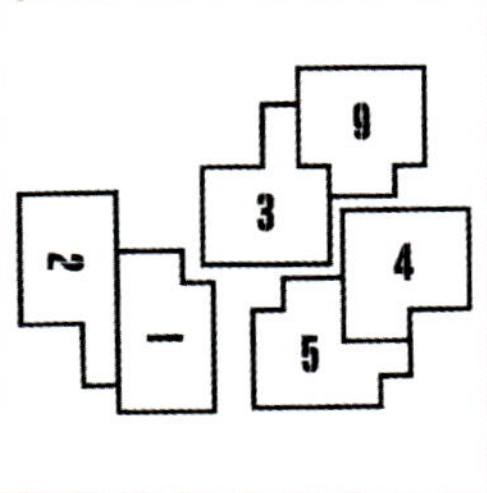

41) 72 930 est 5 fois 14 586, et 14 586 est 2 fois 7 293.

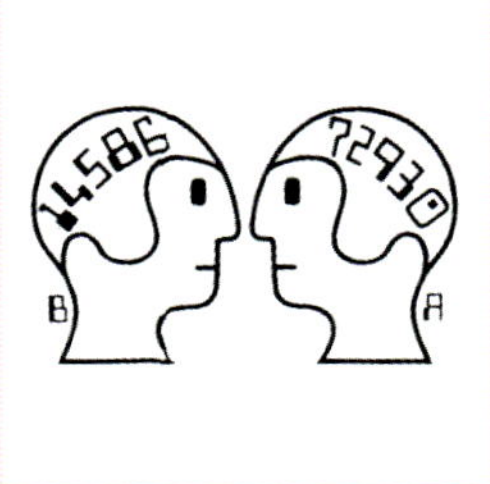

47)

3)

10)

	O	F	U	Z	
G	V	Y	B	K	T
N	A	P	E	X	C
Q	H	W	L	S	J
	M	R	I	D	

22) Voici l'un de plusieurs plus longs chemins. Le plus court est 1, 10, 11, 12, 13, 9, 27, 28, 31, 32.

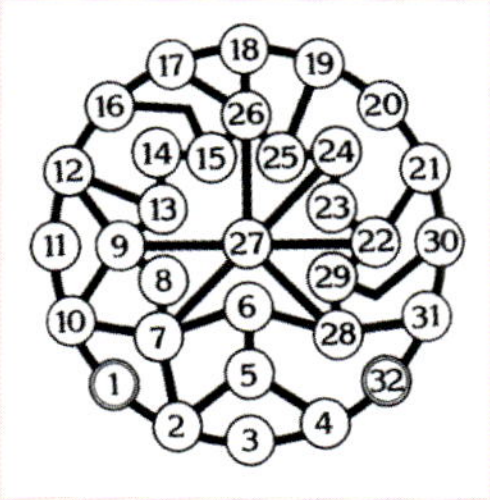

54)

59) Chaque chiffre représente une couleur différente. Les images miroir sont aussi correctes.

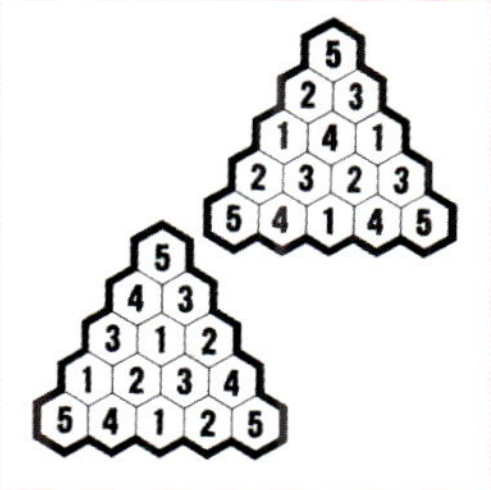

70)

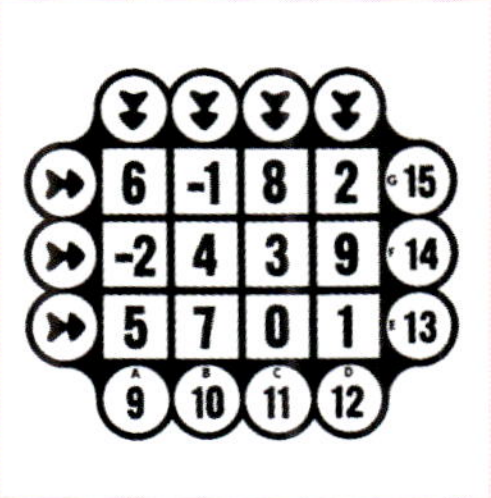

29)

35)

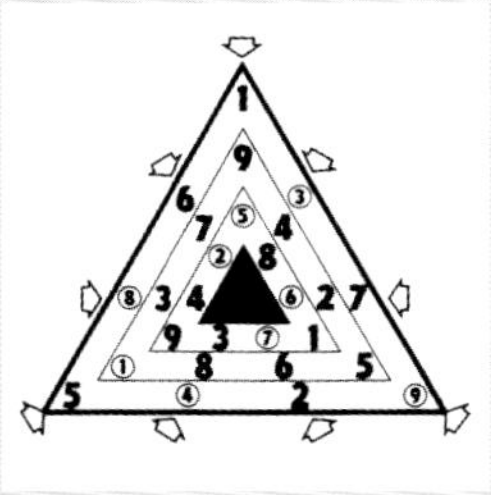

42)

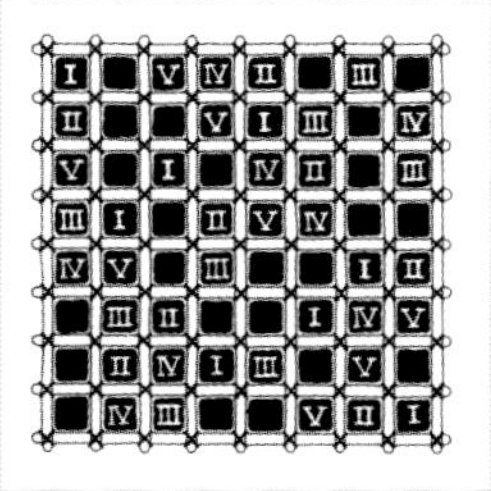

48) En ouvrant les portes 10, 6, 12 et 14, chaque rangée et chaque colonne totalisera 20 points.

53) Les nombres sont 13 et 14 :

13 x 13 = 169

14 x 14 = 196

169 + 196 = 365

60)

63) Comme 2,22 cm représentent aussi la hauteur d'un triangle équilatéral, la base de ce triangle est d'environ 2,54 cm. Par conséquent, la longueur approximative de la bande est de 45,72 cm.

4) Il faut régler les thermomètres à « 1 ».

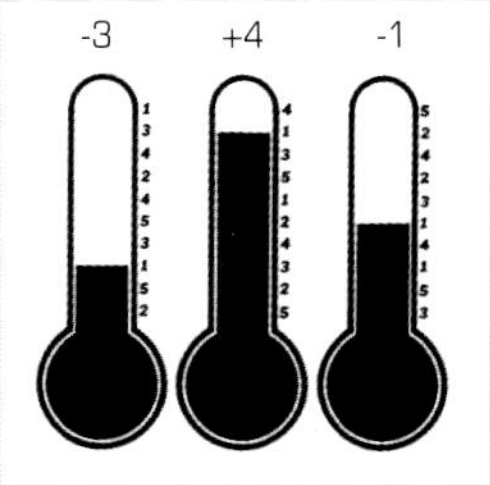

17)

23) Le total des 4 comparaisons est de 40 litres. Puisque chaque couleur apparaît 2 fois dans 2 énoncés, la moitié de ce total est celui des 5 couleurs. Dans les 2 premiers énoncés, le rouge, le vert, le bleu et le jaune totalisent 18 litres. Par conséquent, l'orange doit totaliser 2 litres. En appliquant des comparaisons similaires, on arrive à un total de 3 litres de rouge, 4 de bleu, 5 de vert et 6 de jaune.

32)

$\boxed{18} + \boxed{21} \div \boxed{3} \times \boxed{101} - \boxed{313} = \boxed{1000}$

$\boxed{936} - \boxed{504} \div \boxed{24} + \boxed{107} \times \boxed{8} = \boxed{1000}$

$\boxed{550} \div \boxed{22} \times \boxed{11} - \boxed{5} + \boxed{730} = \boxed{1000}$

36)

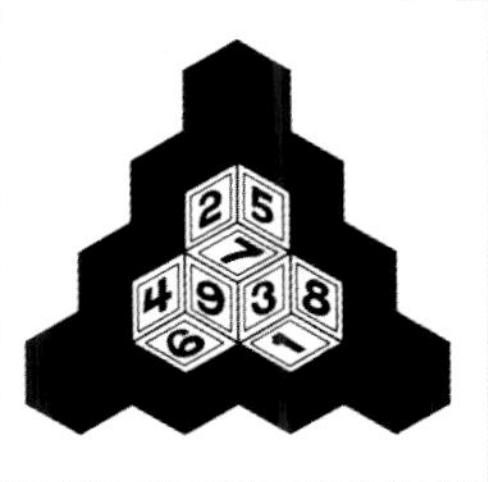

43)

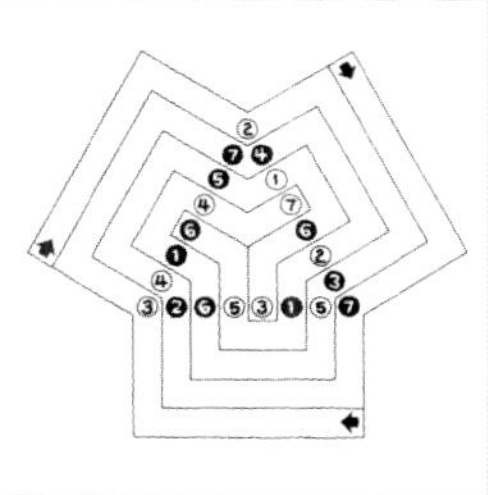

49) Les images miroir sont aussi correctes.

55)

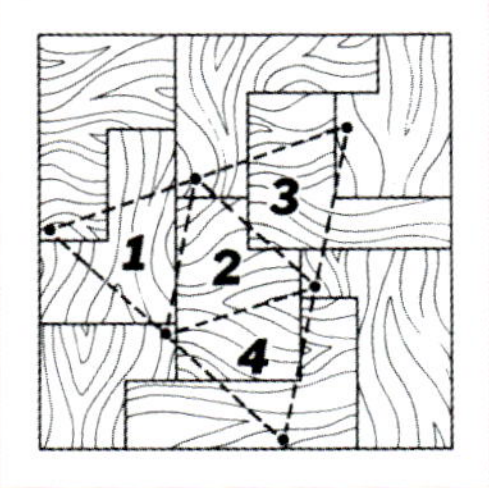

66)

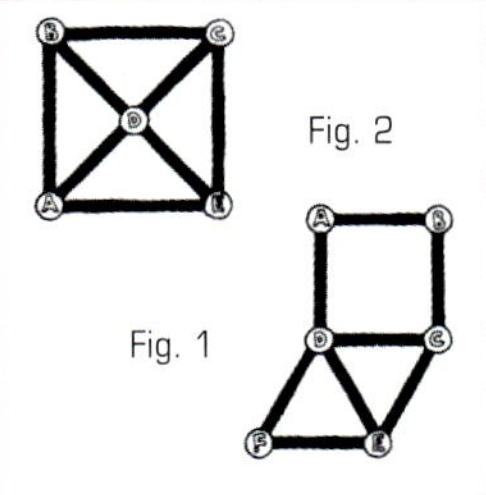

5)

12)

18) Permutez le 4 et le 2.

71) La pointe d'un « V » indique la ou les taches solaires dans lesquelles un nombre doit être additionné. L'exemple ci-dessous montre que le chiffre à l'intérieur du V, représenté par une flèche, doit être additionné dans les 2 taches solaires identifiées par des astérisques.

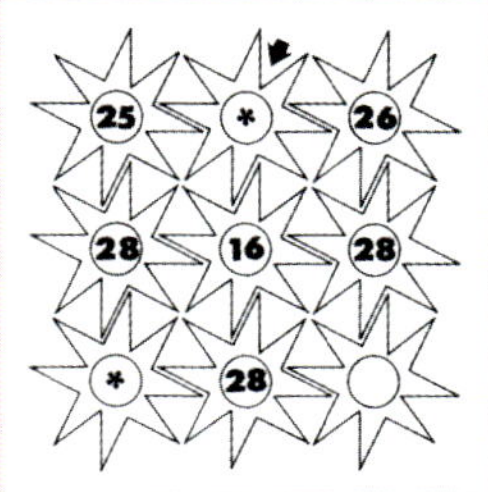

64)

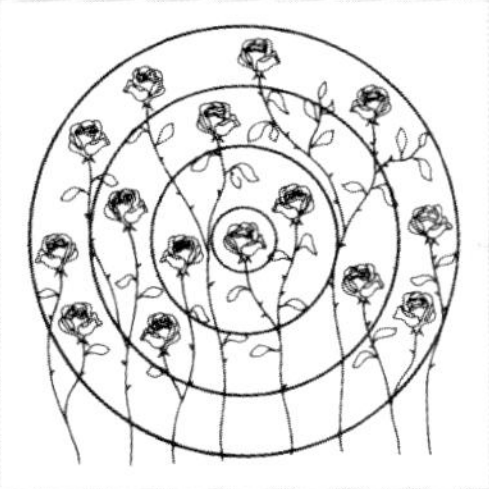

24)

30)

Exemple de solution :

1, -, -, 2, -, 3, 4, -, -, -, 5, -, -, 6, -, 7, 8.

Autres solutions :

1) 1, 2, -, 3, -, -, 4, -, -, -, 5, 6, -, 7, -, -, 8.

2) 1, -, 2, -, -, 3, -, 4, -, -, -, 5, -, 6, 7, -, 8.

3) 1, -, 2, 3, -, 4, -, -, -, 5, -, 6, -, -, 7, -, 8.

4) 1, -, -, 2, -, -, 3, -, -, 4, -, -, -, 5, 6, 7, 8.

5) 1, 2, 3, 4, -, -, -, 5, -, -, 6, -, -, 7, -, -, 8.

37) La figure ci-dessous montre 21 intersections. Il faut un total de 42 points pour créer 210 intersections. Cela représente ¼ du total de points multiplié par le maximum d'intersections par ligne (1/4 x 42 x 20 = 210).

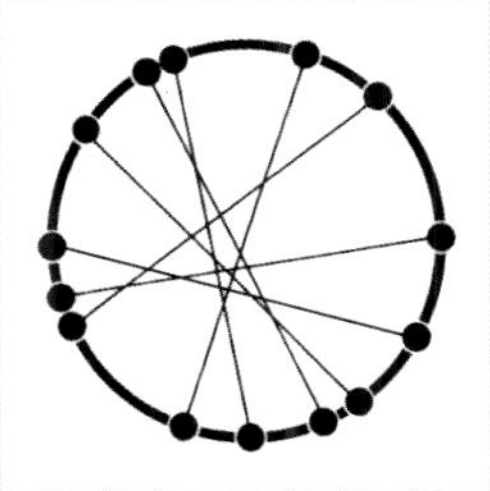

44)

6)

56)

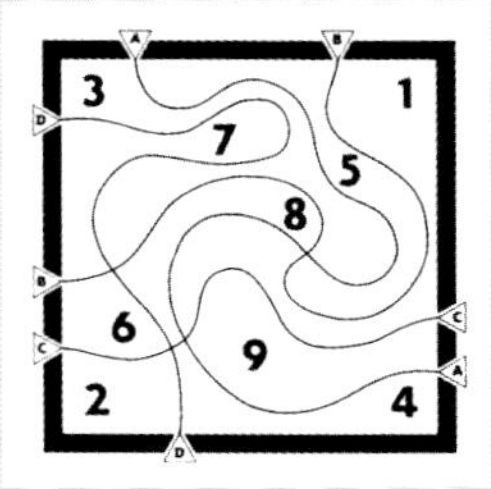

13) Coupez 4 fils

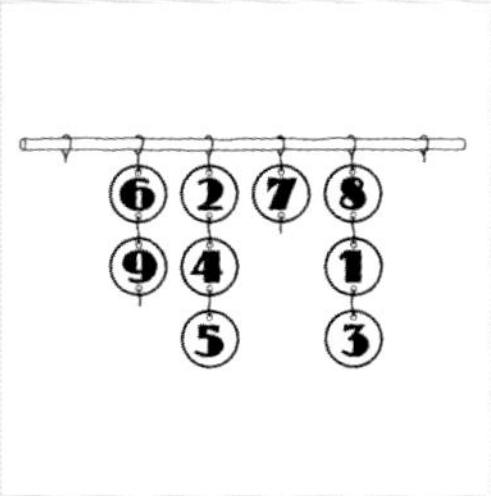

61) Les nombres 3, 37 et 111.

67) Roues de droite à gauche :

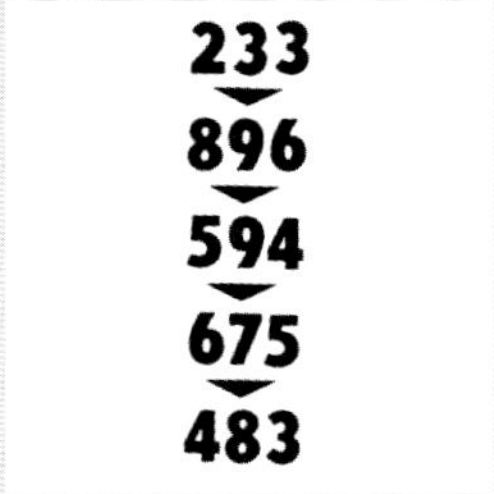

50) On a permuté les figures des coins supérieur droit et inférieur gauche.

19) La foudre est égale à l'étoile. En utilisant les lettres F, L et E pour représenter la foudre, la lune et l'étoile, les équations suivantes fournissent la preuve :

si	FLL	=	FFFEEEE
l'équation se réduit à	LL	=	FFEEEE
si	FFFL	=	FFEEEE
alors	LL	=	FFFL
l'équation se réduit à	L	=	FFF
alors	FLL	=	FFFFFFF
alors	FFFEEEE	=	FFFFFFF
l'équation se réduit à	EEEE	=	FFFF
donc	E	=	F

25) Tarte 1:

$4\frac{38}{76}\ \% + 95\frac{1}{2}\ \% = 100\ \%$

Tarte 2:

$8\frac{27}{54} + 91\frac{3}{6}\ \% = 100\ \%$

38)

45)

11) La bonne séquence est : 3, 0; 4; 1; 5; 2; 6; 3; 7; 4; 8; 5; 9; 6; 10.

Clé : Soustraire 3, ajouter 4, soustraire 3, ajouter 4, etc.

51) Les 2 artisans peuvent réussir avec 4 morceaux.

Le vitrier peut résoudre le problème avec 2 morceaux, en retournant l'un ou l'autre.

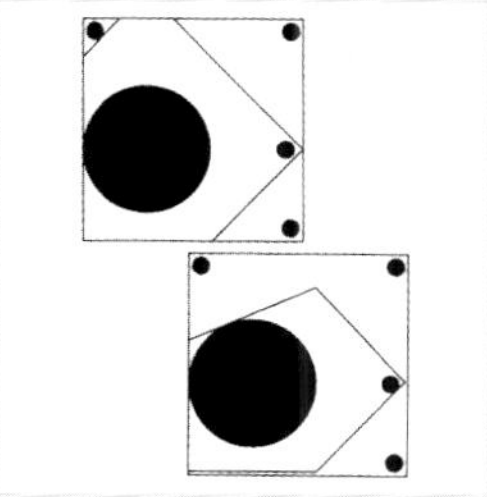

7) En mettant tête en bas le chapeau avec le 9/8, on obtient 8/6 + 10/16 = 3.

14)

20)

26) Une enjambée de 1,33 m est nécessaire au 42e pas.

68)

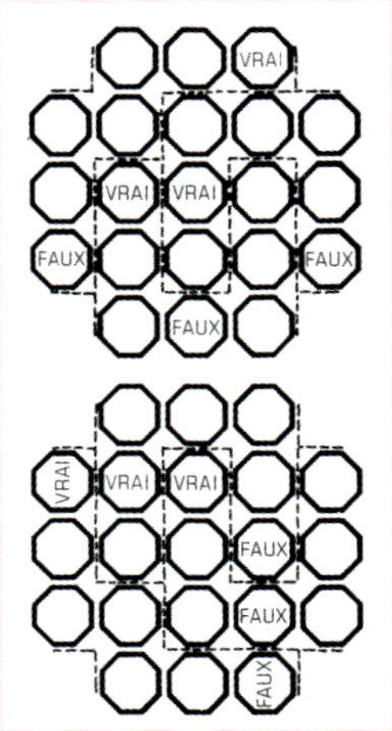

52)

6	triangles	+	3	=	9
12	triangles	-	3	=	9
3	triangles	x	3	=	9
27	triangles	÷	3	=	9

31)

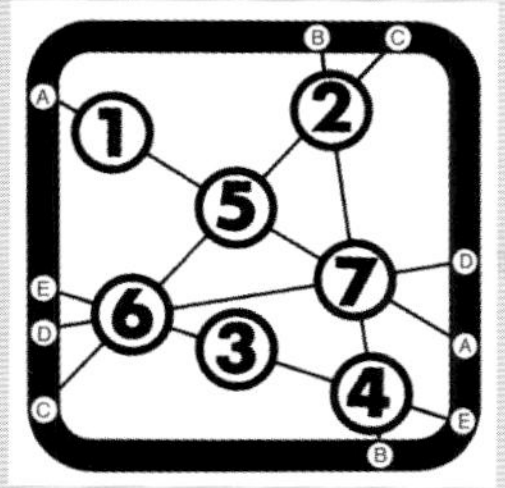

65)

$568 \div 71 + 4 \times 103 - 236 = 1000$

$24 + 618 \times 15 \div 9 - 70 = 1000$

$203 - 65 \times 64 + 168 \div 9 = 1000$

39)

57) Les 3 nombres sont 1, 2 et 4.

Les divisions de chaque rangée respective sont :

Rangée 1 : 7, 7, 7

Rangée 2 : 12, 6, 3

Rangée 3 : 16, 4, 1

CHAPITRE

2

Solutions

1)

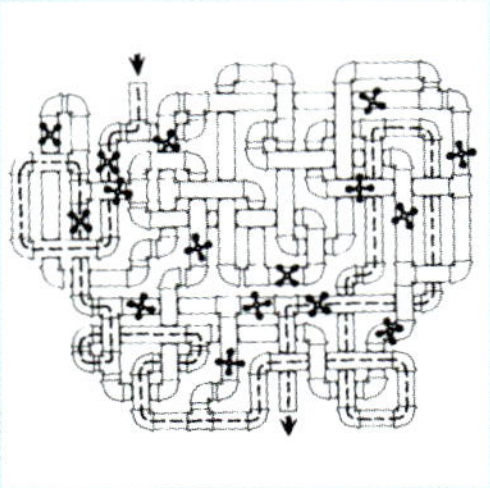

13) Dans la meilleure solution possible, chaque balise devra faire 7 979 pas. Ce résultat est obtenu en déterminant le plus petit dénominateur commun et en soustrayant 1 :

(19 x 20 x 21) – 1 = 7 979

21)

27)

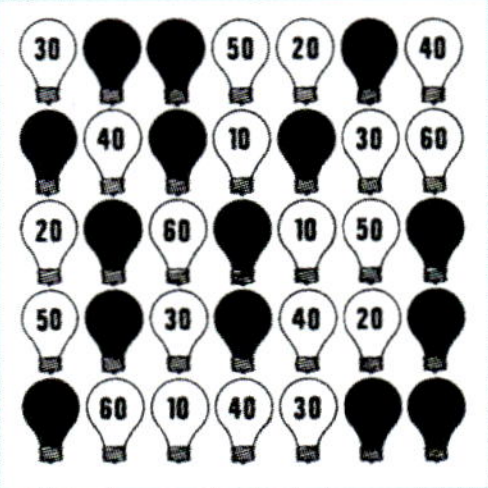

32)

39)

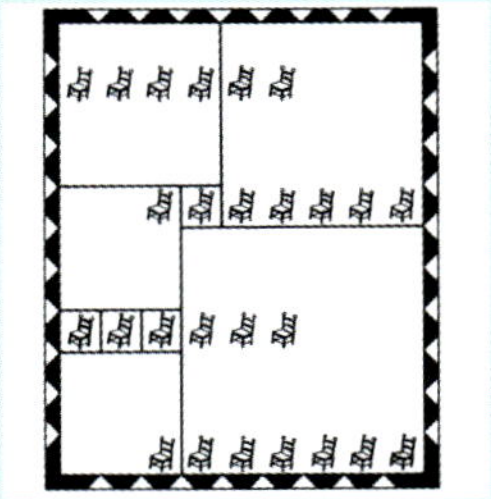

2) D'autres variantes du circuit existent.

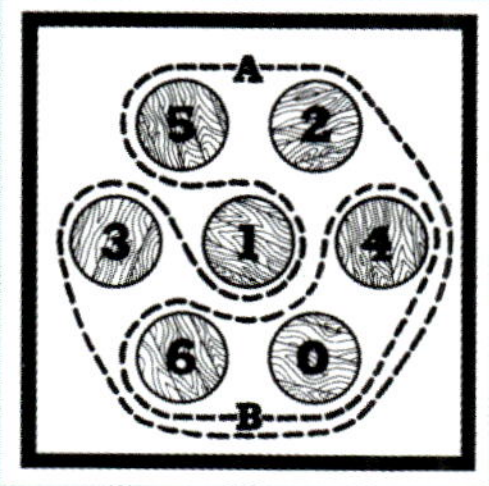

8)

56)

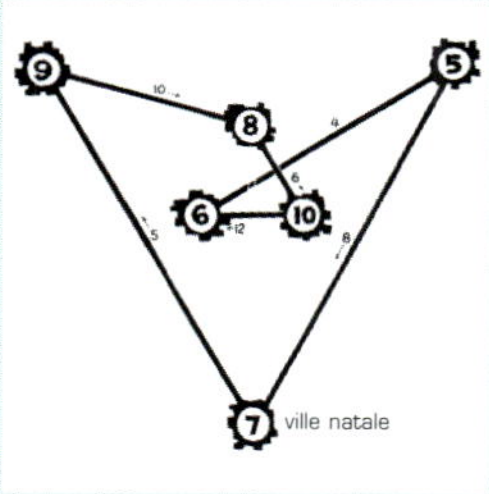

22)

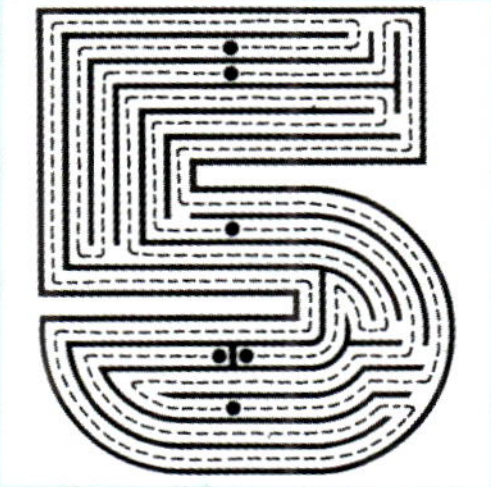

28)

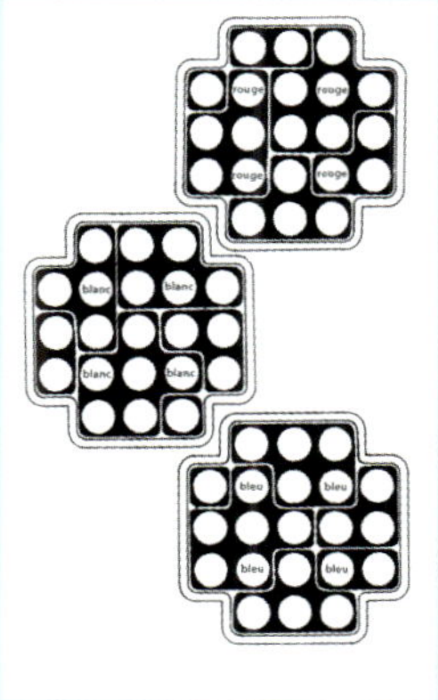

34) Il y a 49 marches.

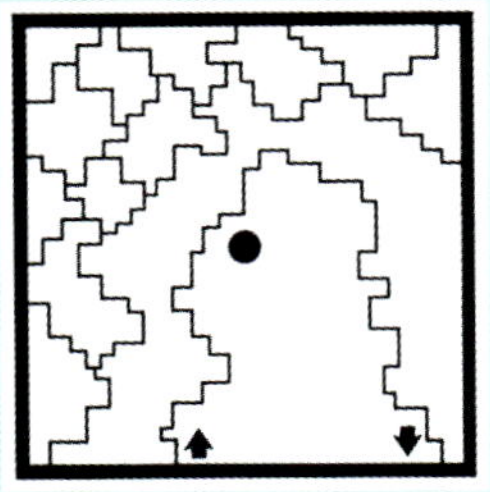

59)

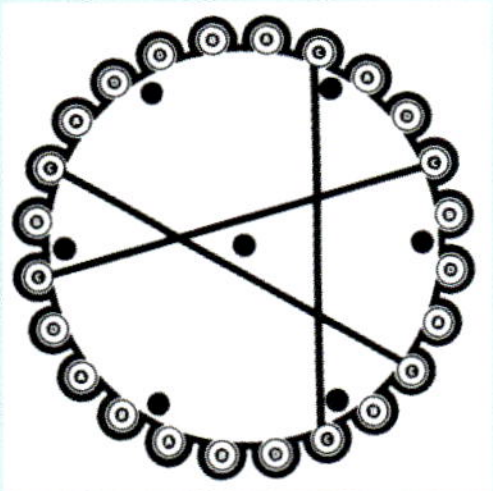

35) Hank Aaron

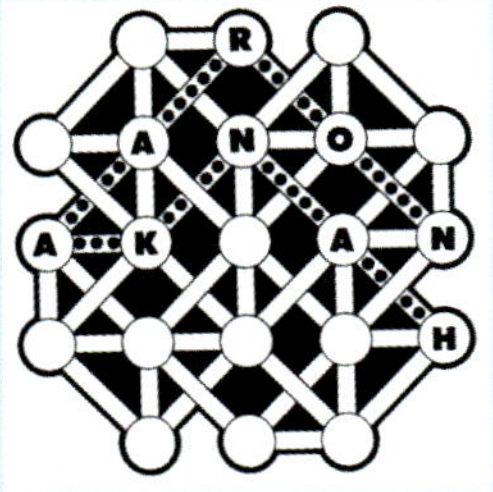

3)

Place	Chien
1re	4
2e	3
3e	6
4e	1
5e	2
6e	5
7e	7

40)

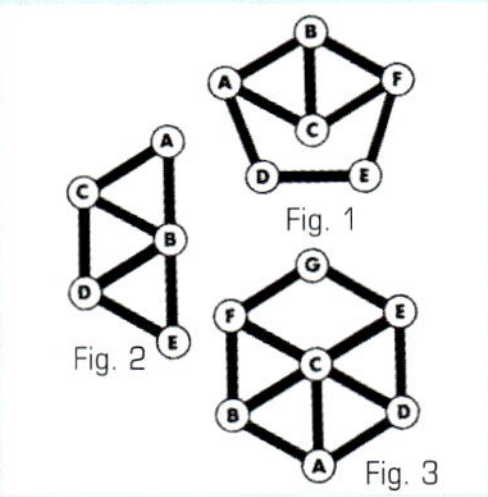

45)

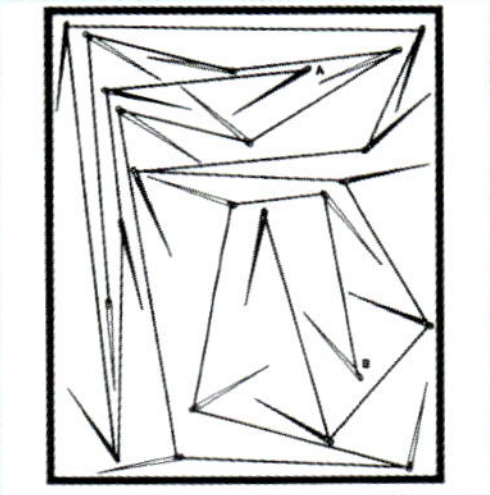

51) Chaque colonne et chaque rangée a sa propre séquence progressive.

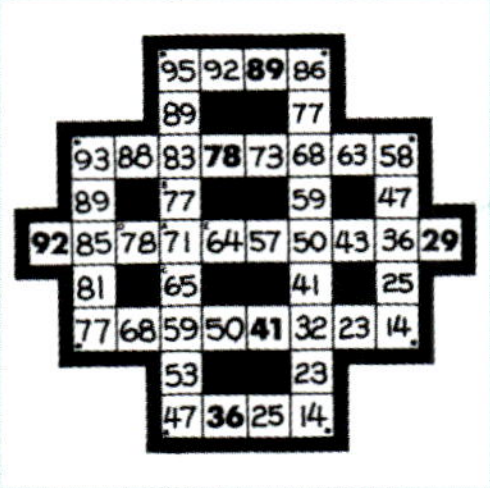

60)

7)

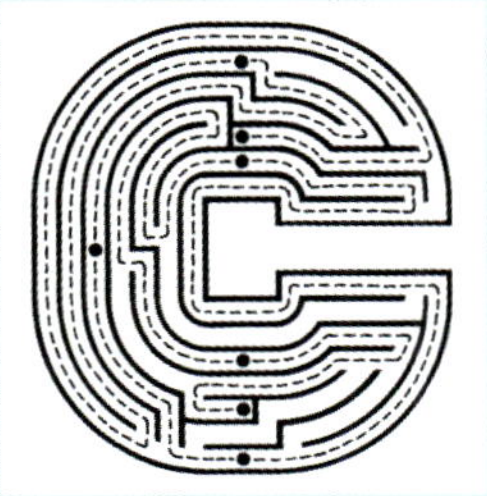

10)

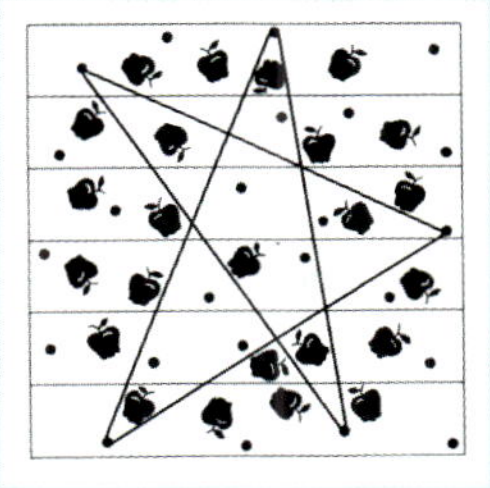

16) Inversion diagonale aussi correcte.

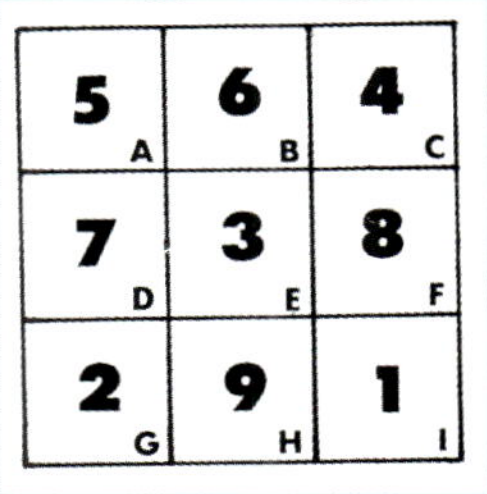

36)

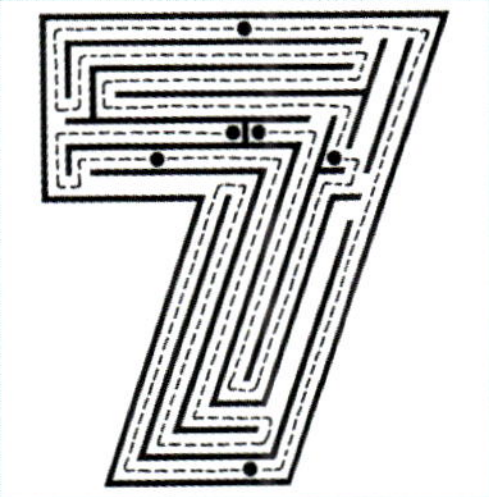

43) Il est possible de former les mots SILENCE et ENCLISE; toutefois, seul SILENCE peut être tracé.

4)

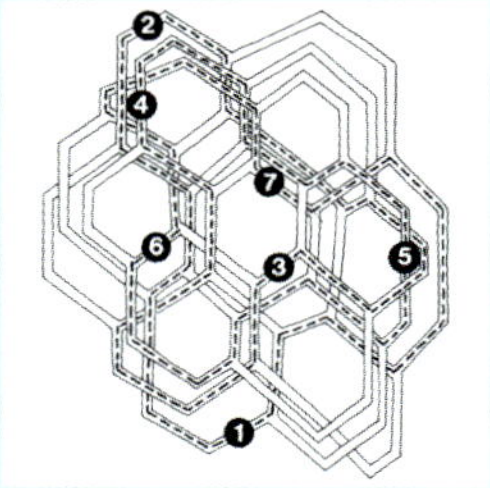

41)

18)

46)

29)

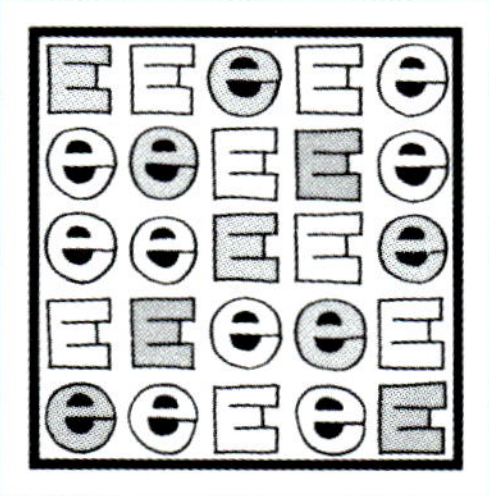

52)

11) Au total, 103 maillons sont utilisés.

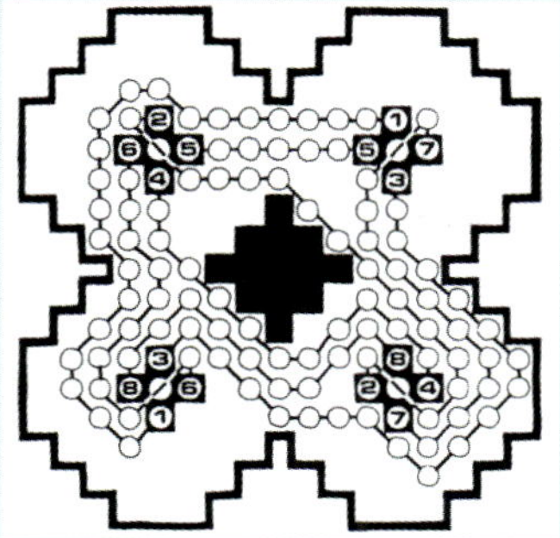

42) Une de quatre images miroir et inversées.

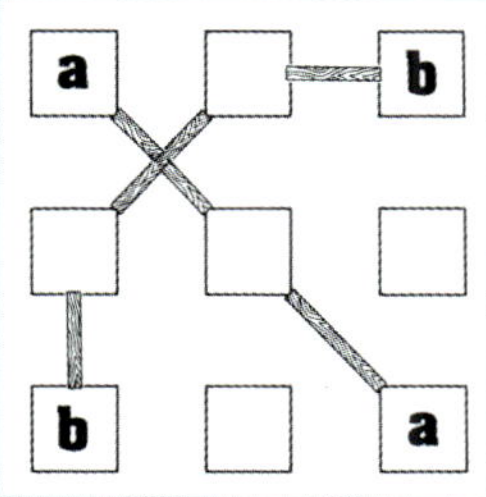

5) Image miroir aussi correcte.

17) Images miroir et par rotation aussi correctes.

61)

Store gauche levé de 3 rangées

Store central levé de 4 rangées

Store droit levé de 2 rangées

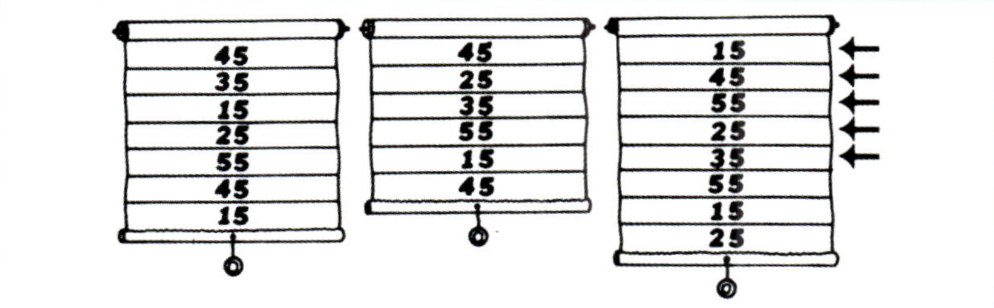

30)

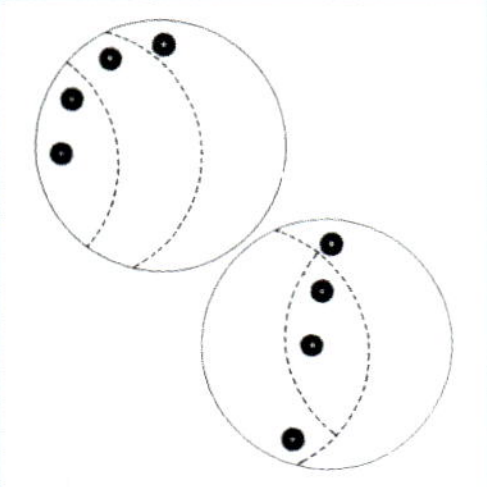

48)

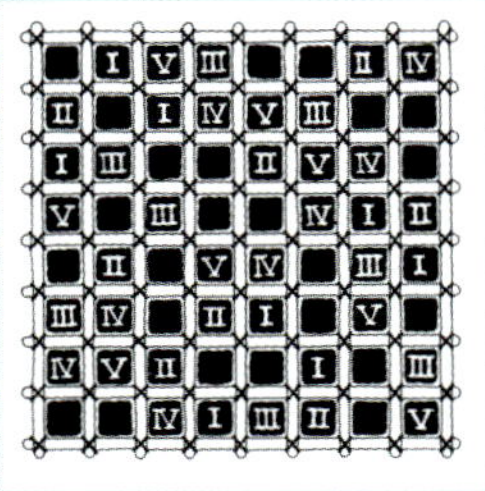

54) 1) Voir ci-dessous. 2) Sentiers 1 et 2 (6). 3) Sentiers 1, 2 et 4 (2).

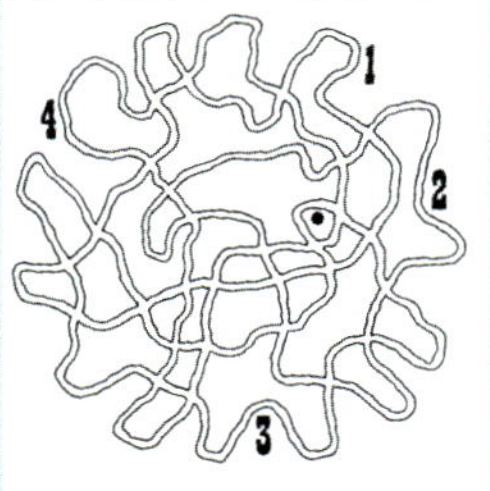

62)

9) Les bocaux contiennent :

13 bonbons au lait
39 bonbons à l'anis
52 bonbons au miel
117 bonbons au café

25) Le commandant a 120 tanks à positionner sur 10 colonnes et 12 rangées (ou vice versa), soit 40 sur le périmètre et 80 en réserve.

37) Une des nombreuses solutions.

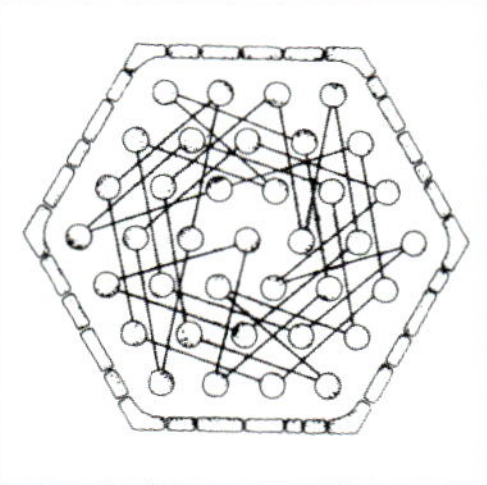

6)

19) Votre raccord, ombré, garantit une victoire en 3 coups. L'illustration montre 1 des 2 résultats possibles.

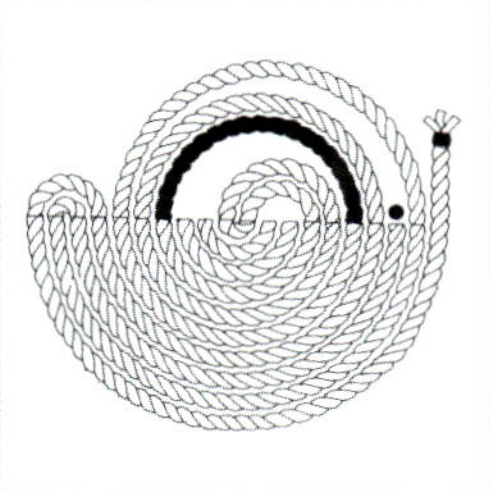

47)

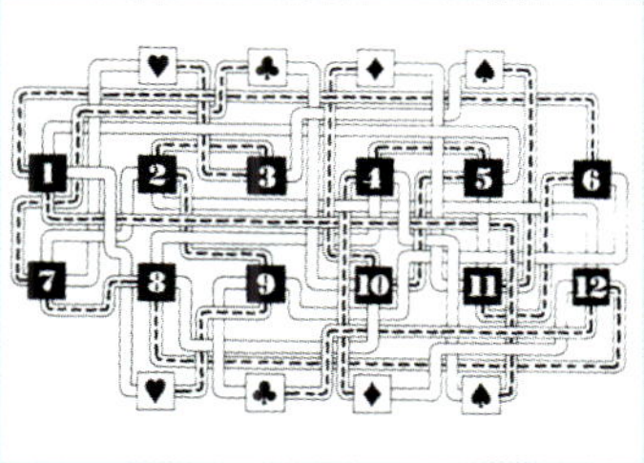

58) À partir de A, allez successivement aux carrés de destination 10, 13, 15, 5, puis à B.

49)

12)

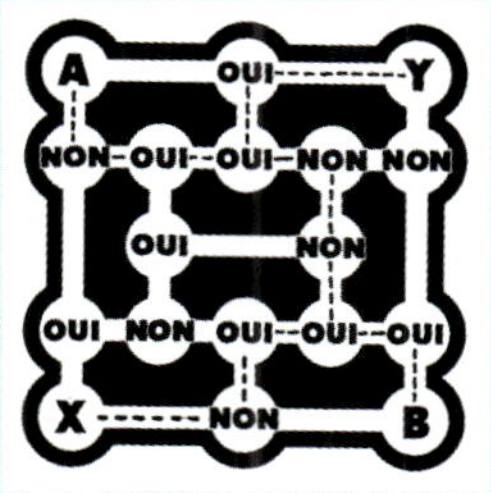

24)

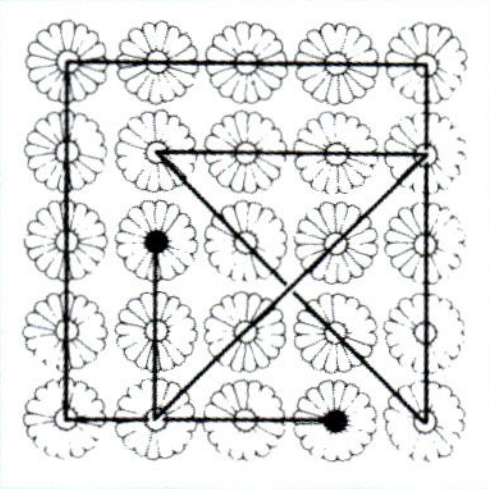

33) Les lettres sont R, G et C.

38)

44)

23)

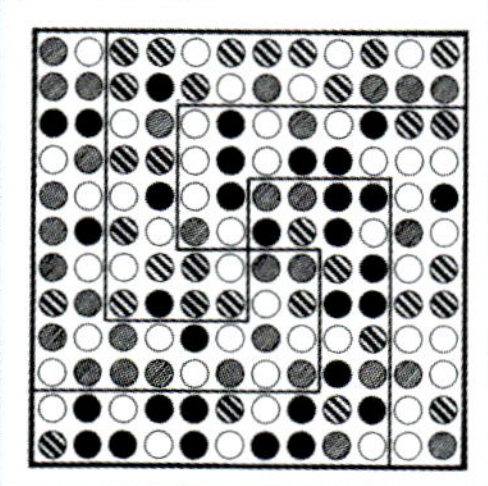

20)

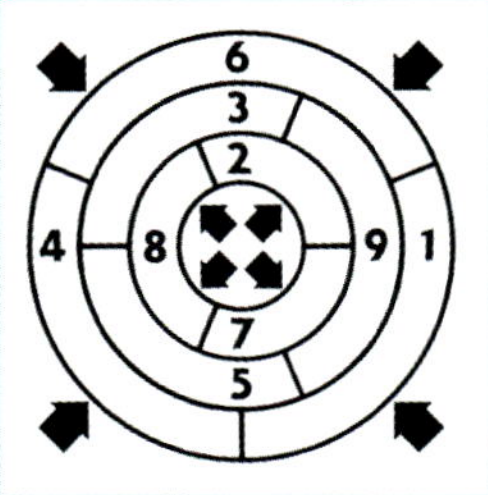

53)

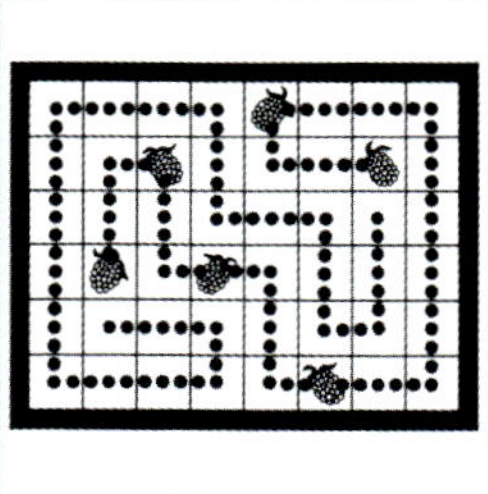

59)

1) Glissez le 7 sous le 8 et le 9.

2) Glissez le 8 contre le 4 et le 6.

3) Glissez le 1 sous le 6 et le 8.

4) Glissez le 8 entre le 1 et le 7.

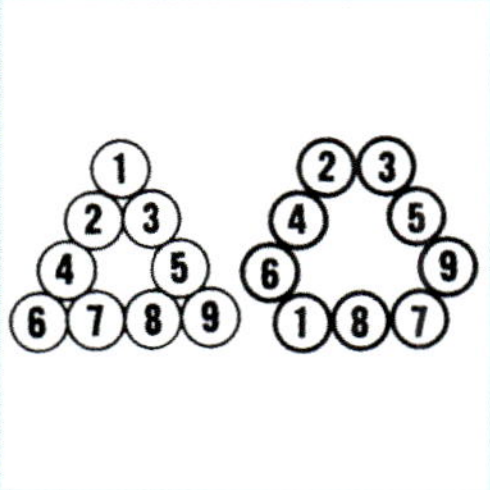

31) Ce casse-tête peut aussi se faire avec 45 disques. Tentez votre chance.

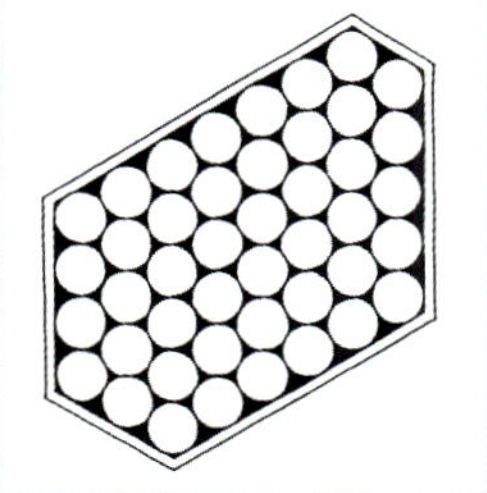

14) Les cake-walks sont de 16 et 64 carrés respectivement. Il y a un nombre infini de cake-walks plus grands. Chaque cake-walk croissant est le double du précédent.

15)

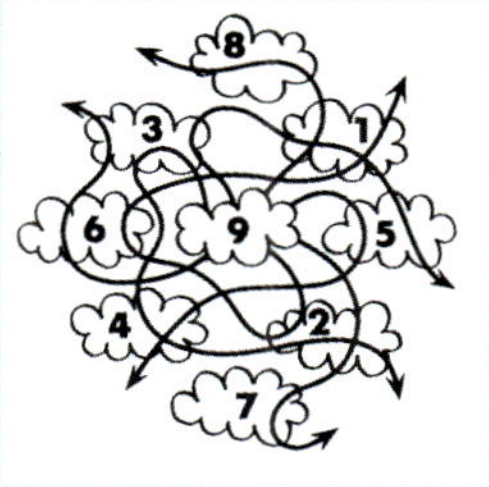

26)

A) VII, V, VI, IV, X, III, I, VIII, II, IX

B) IV, VIII, III, V, IX, VII, X, VI, I, II

C) VII, V, VI, IV, IX, III, X, VIII, I, II

D) IV, VIII, III, V, X, VII, I, VI, II, IX

50)

55)

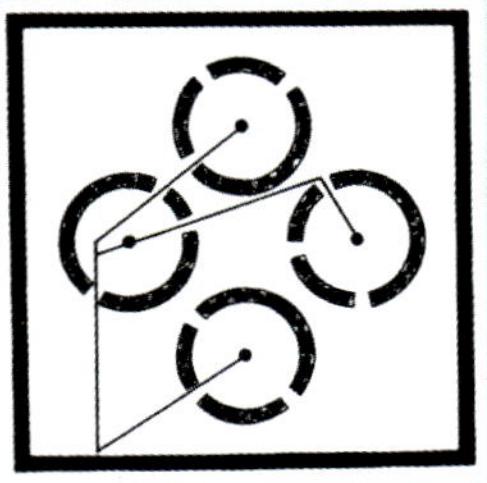

CHAPITRE

3

Solutions

1) En retournant le labyrinthe tête en bas, la solution est élémentaire.

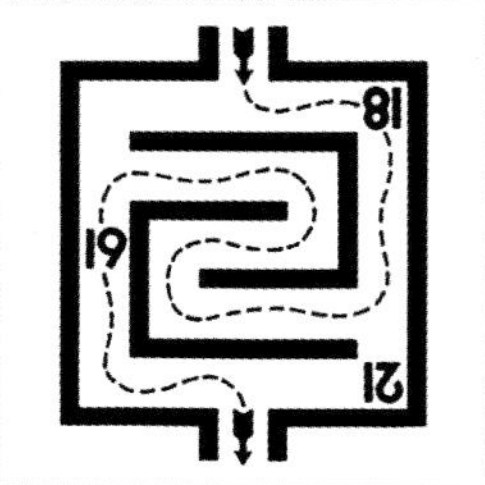

8)

9 échiquiers de 6 x 6

25 échiquiers de 4 x 4

49 échiquiers de 2 x 2

83 échiquiers au total

15)

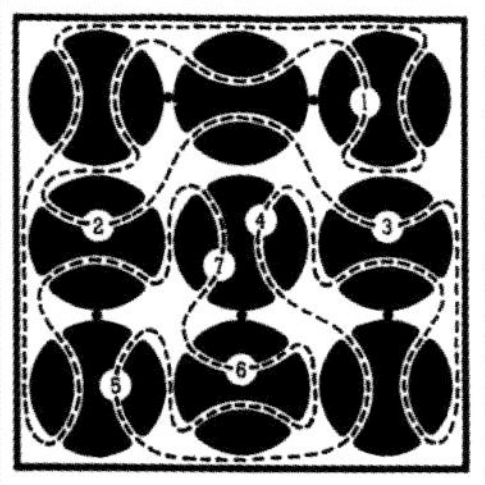

22) Chaque nombre de la suite représente le nombre de points d'une maison en pointillé de taille progressivement croissante, dont la largeur est toujours égale à la hauteur. Le nombre manquant est 127, soit une maison en pointillé dont la largeur et la hauteur sont de 13 points.

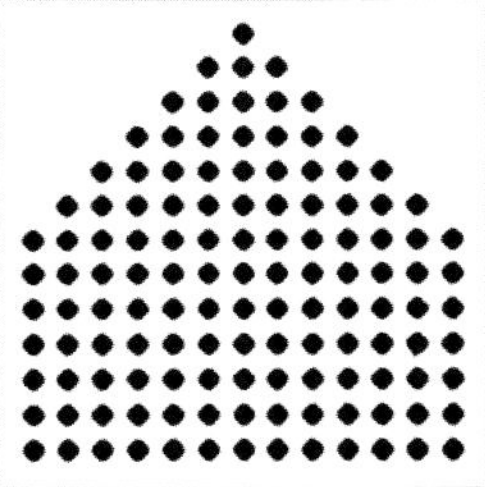

33)

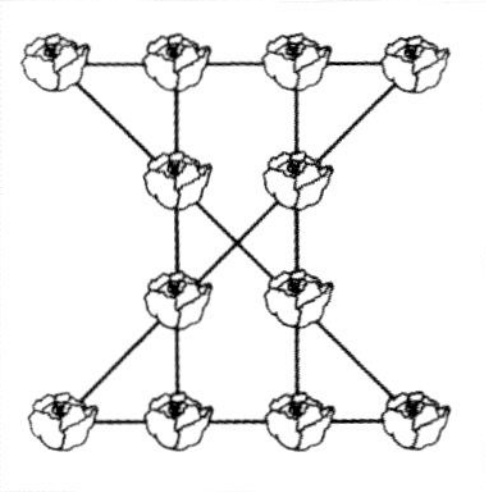

44)

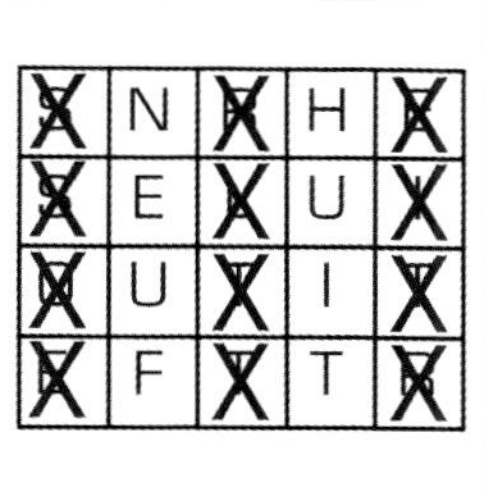

2)

9) Image reflet aussi correcte.

18) Le nombre manquant est le 6. Tous les nombres de cette pyramide sont « parfaits », c'est-à-dire égaux à la somme de leurs diviseurs. Ex. : 1, 2 et 3 sont tous des diviseurs de 6 et leur somme est 6; 1, 2, 4, 7 et 14 sont tous des diviseurs de 28 et leur somme est 28. Il y a seulement 6 nombres parfaits entre 1 et 3 000 000.

52) Image reflet aussi correcte.

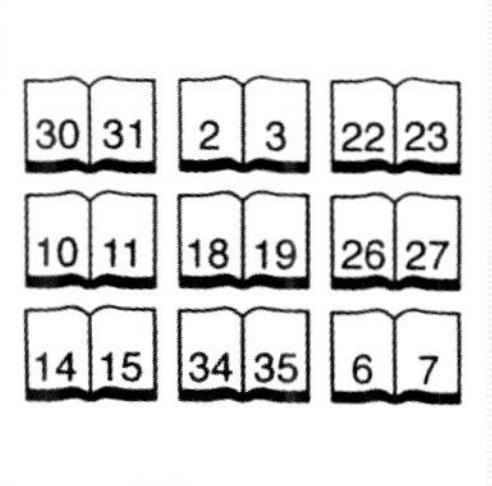

23) Utilisez un cadran d'horloge pour résoudre ces 2 casse-têtes :

1) Dans le sens des aiguilles d'une montre à partir du 1, comptez chaque cinquième chiffre.
2) Dans le sens contraire des aiguilles d'une montre à partir du 1, avancez de 1 chiffre, puis de 2, puis de 3, de 4 et de 5. Un tel cadran d'horloge n'existait pas en Grèce antique. L'horloge mécanique de 12 heures a été inventée dans les années 1300.

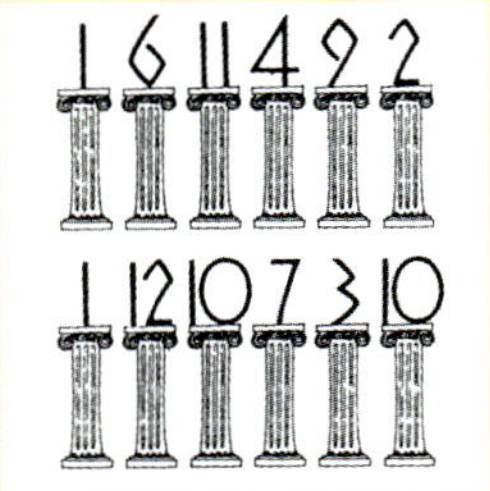

30)

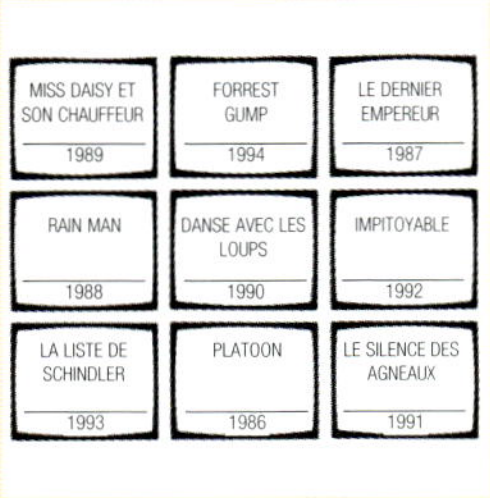

34)

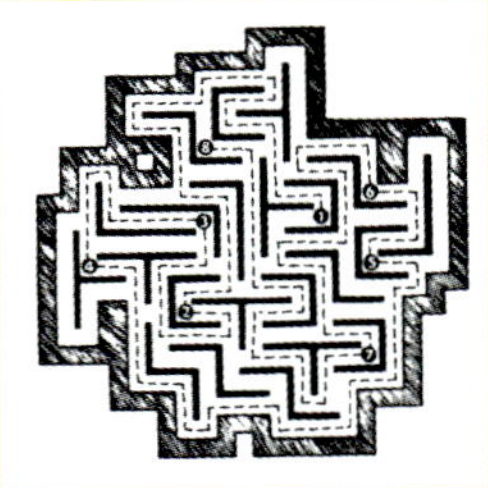

39) À partir de l'étoile foncée, allez à 7, 3, 12, 6, 10, 2, 5, 8, 1, 9, 11, 4, puis à l'étoile blanche. L'ordre inverse est aussi correct.

45)

3)

10)

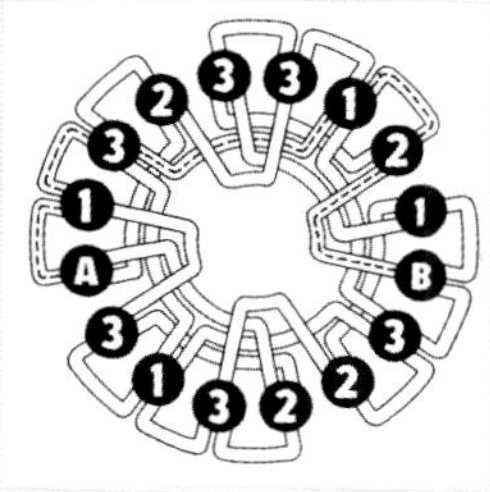

59)

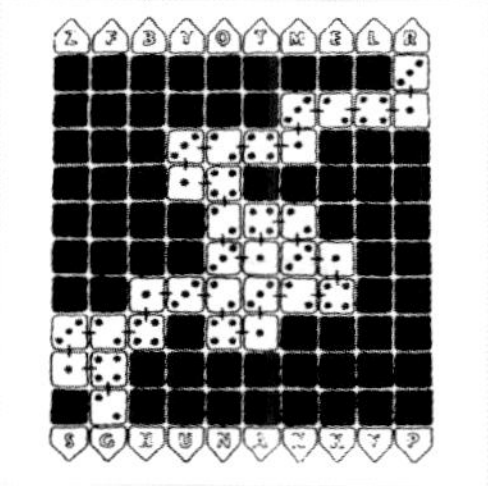

53)

17)

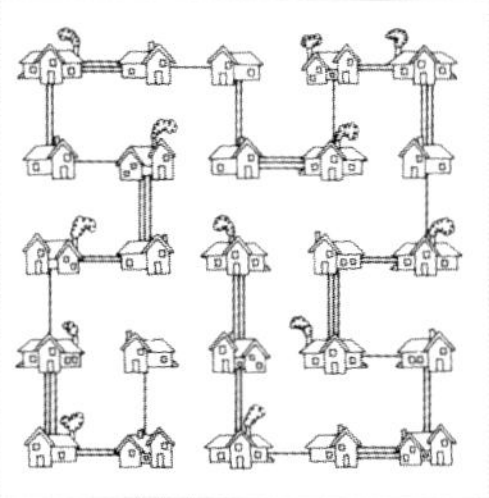

57) Images reflet et par rotation aussi correctes.

24)

$$\begin{array}{r} 11 \\ 1{,}1 \\ \hline 12{,}1 \end{array}$$

29)

35) Commencez à 6. Finissez à 6. Marquez 66.

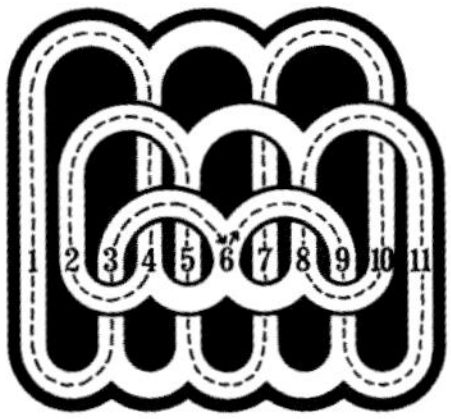

40) .

46)

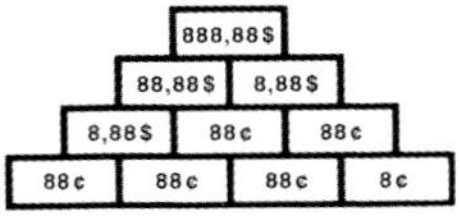

4) 1) 533 ans 4 mois

2) 333 ans 4 mois

3) 133 ans 4 mois

11)

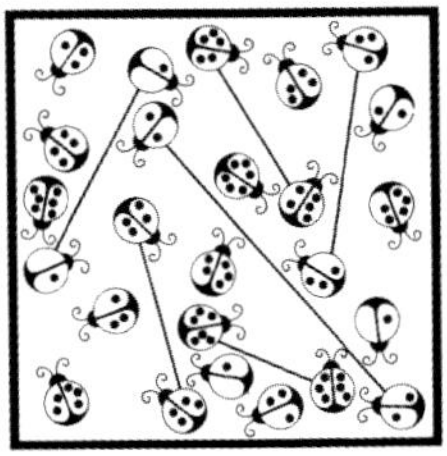

51) A) 2, 3, 6, 4, 5, 1

B) 5, 6, 2, 1, 4, 3

C) 5, 6, 2, 3, 4, 1

D) 5, 6, 3, 4, 2, 1

62) Hawaii se place en 47e position en comptant les 50 États.

AL 28	WA 20	UT 12	CA 3	NY 30	VA 36	NJ 46
DE 48	FL 26	ND 17	WY 9	AK 1	PA 32	MD 42
SC 40	MA 45	IA 23	NE 15	ID 11	NV 7	TN 34
MS 31	KY 37	VT 43	WI 25	GA 21	KS 13	NM 5
TX 2	NC 29	ME 39	RI 49	AR 27	OK 19	OR 10
CO 8	MT 4	OH 35	WV 41	CT 47	IL 24	SD 16
MO 18	MN 14	AZ 6	LA 33	IN 38	NH 44	MI 22

16) À partir du onze en chiffres romains (XI), retirez les trois allumettes sous le pointillé pour dévoiler le chiffre six (VI).

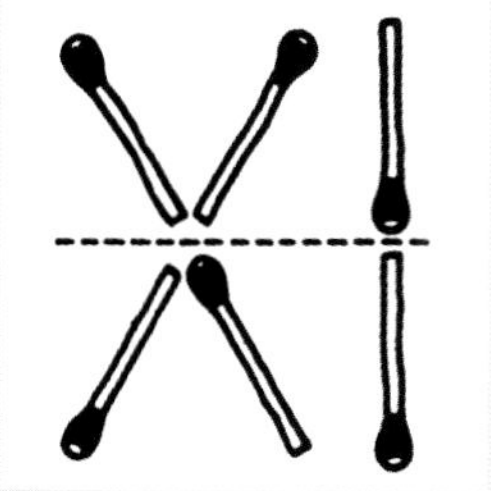

25)

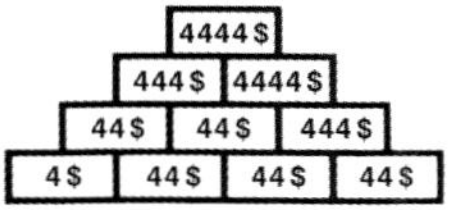

31) Toutes les boules sont à la bonne place. Il s'agit simplement de tourner les boules 6 et 9 de 180° pour obtenir un total de 21 points dans chacun des petits losanges.

36) Dans l'ordre d'un coup de circuit :

Haut : 7, 3, 8 et 4

Milieu : 5, 3, 8 et 6

Bas : 5, 7, 4 et 6

3 Ruth

4 Gehrig

5 DiMaggio

6 Boyer

7 Mantle

8 Berra

41)

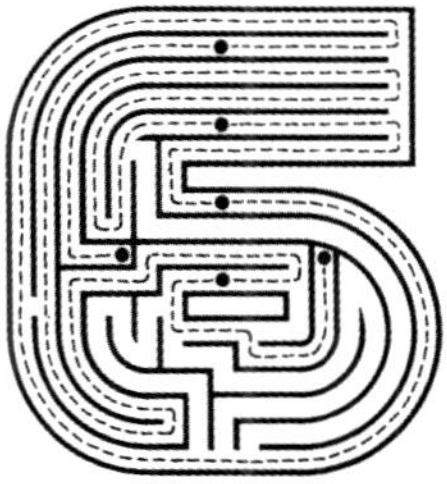

47) Permutez les dominos 1 et 0, puis permutez les dominos 4 et 0.

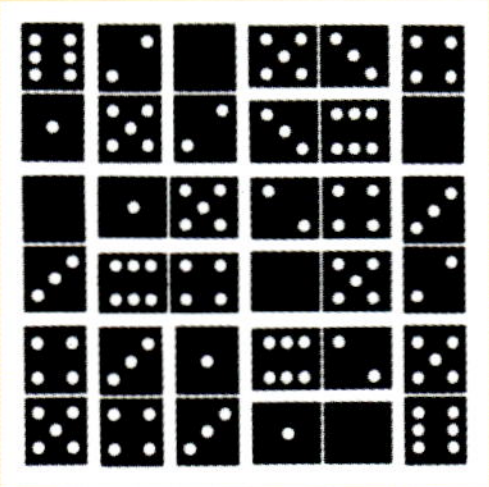

5)

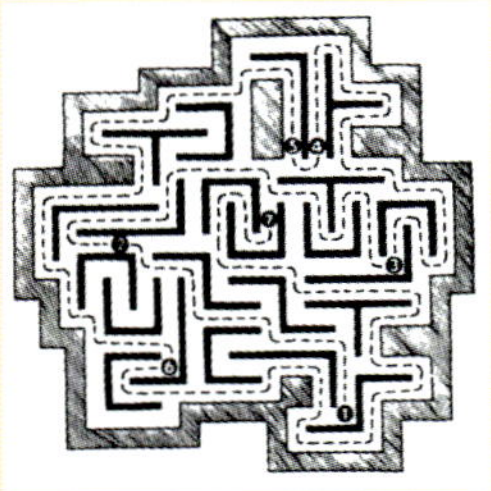

55)

58)

15 pièces de 1 ¢
\+ 1 pièce de 10 ¢
1 pièce de 25 ¢

15 pièces de 5 ¢
\+ 1 pièce de 25 ¢
1 $

48) Les 2 solutions ont plusieurs variantes.
Total le plus bas : 37

Total le plus haut : 48

12)

19)

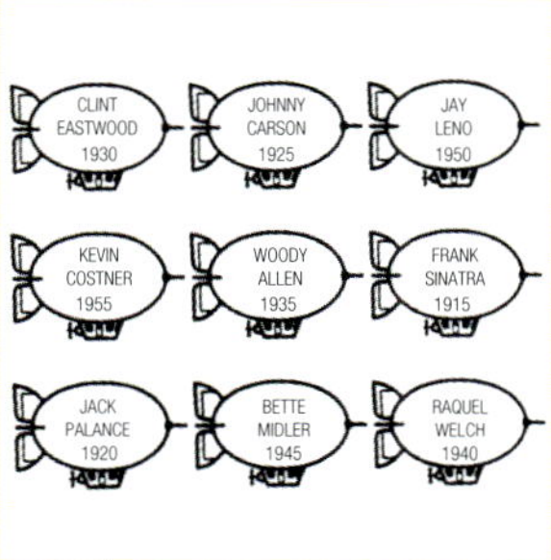

26)

6) Il faut comprendre que les 2 pères et les 2 fils sont seulement 3 personnes : un grand-père, un fils (qui est aussi un père) et un petit-fils.

49) Une de plusieurs solutions possibles

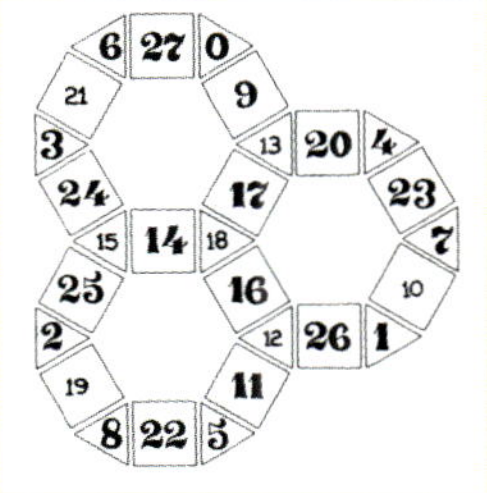

54) Une de plusieurs possibilités.

61)

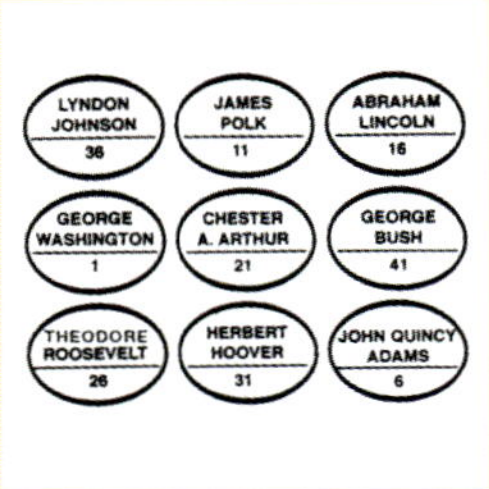

56)

38)

13) Les nombres 9 et 25 peuvent être permutés.

20) 1, 3, 6, 2, 8, 4, 7, 9, 5, 1

ou

1, 7, 4, 2, 8, 3, 6, 9, 5, 1

28)

43) Créez le chiffre 8 illustré en unissant le plus petit 3 au plus grand 3. Ainsi, 8 + 3 = 11.

50) Clés nécessaires : 1, 3, 5.

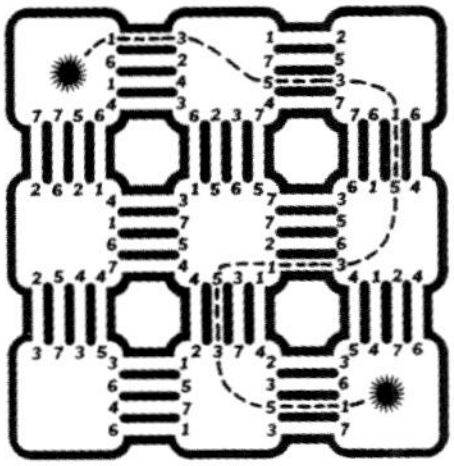

60) D'autres formes de solutions sont possibles, mais, dans chaque cas, l'une des lignes doit traverser la lettre O; sinon, ce casse-tête serait impossible à résoudre.

63)

42) Cette équation de chiffres romains se lit comme suit : Cent = 10 fois 10.

7)

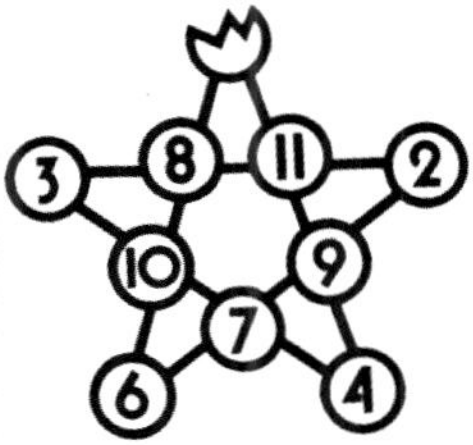

14)

21) Clés nécessaires : 2, 3, 4.

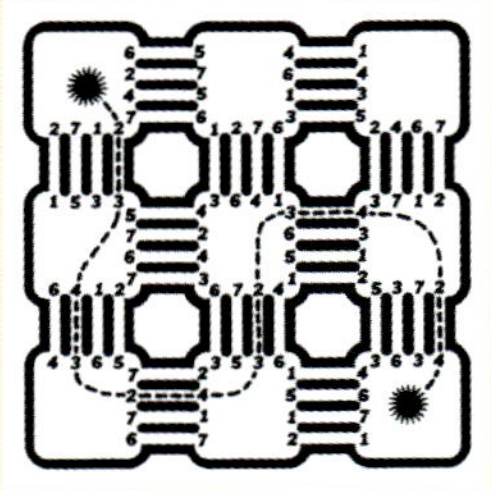

27)

32)

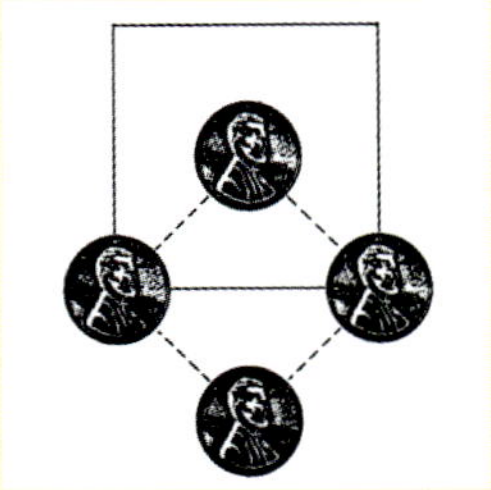

37)

CHAPITRE

4

Solutions

1)

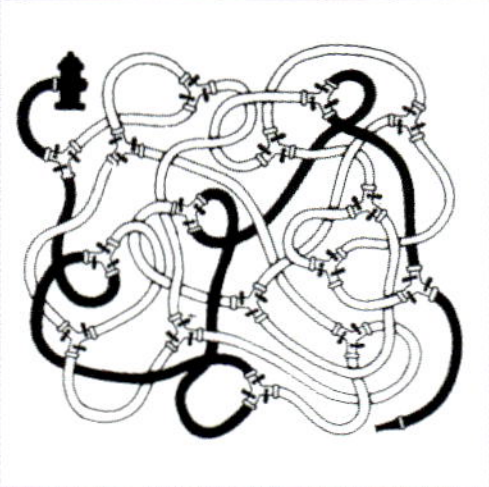

25)

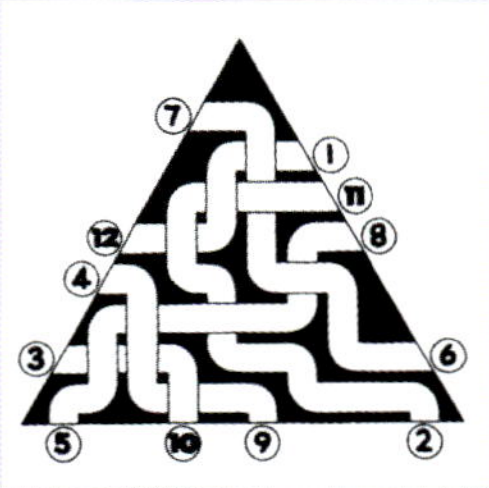

8)

29)

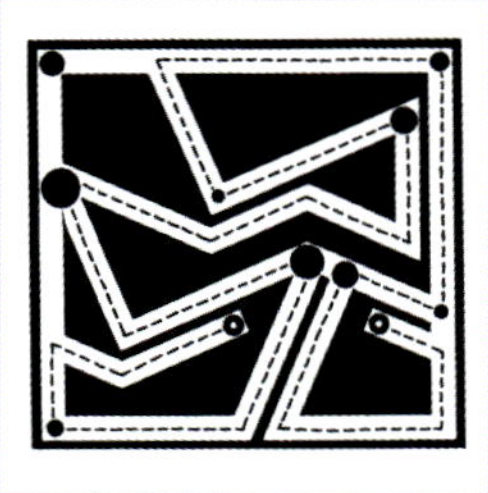

16) C'est 12 étoiles qui doivent être ajoutées aux 48 de ce drapeau. Les 60 étoiles doivent être disposées en 5 rangées de 12.

36)

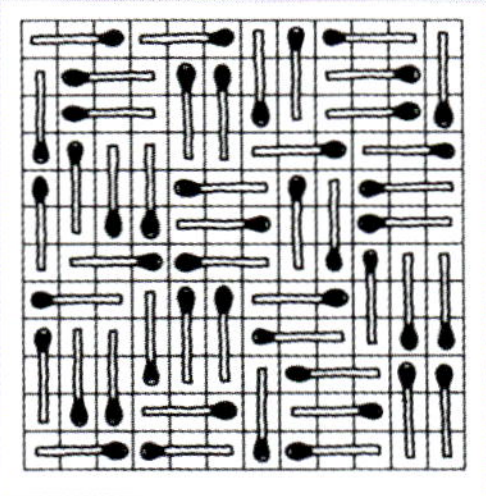

43) Une de trois solutions possibles.

66)

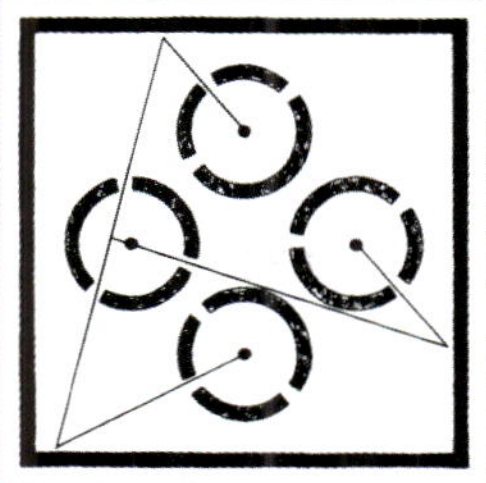

57)

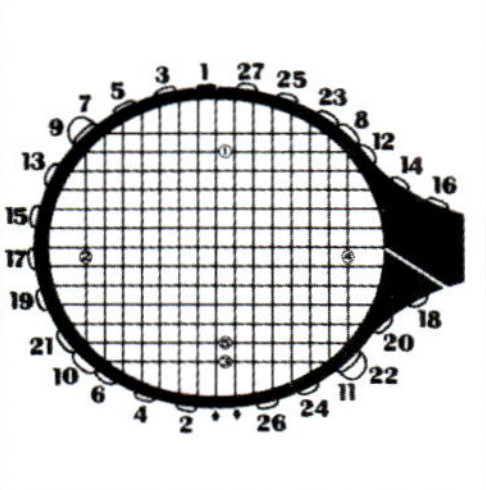

47)

60)

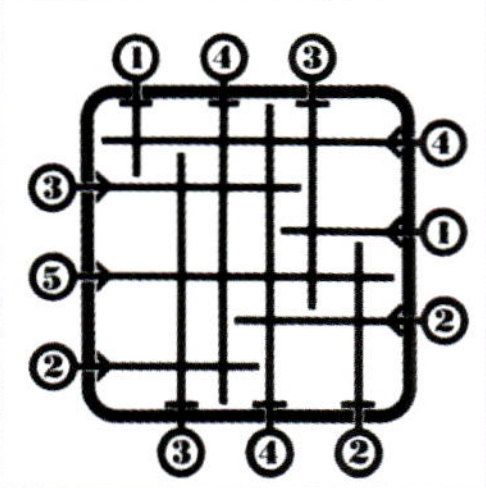

20)

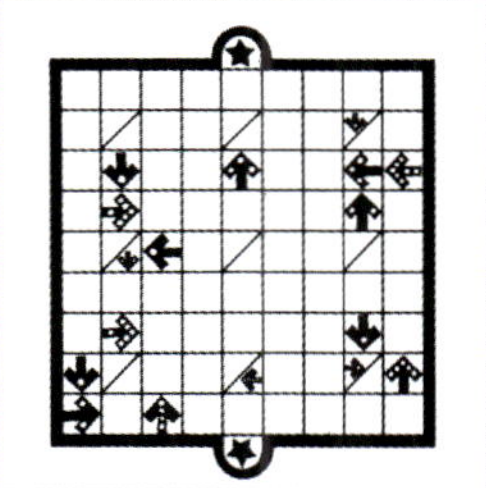

2)

9)

30)

37)

44) Les nombres manquants sont 1, 1 et 11. Clé de la suite : La somme de 2 nombres adjacents apparaît toujours dans la deuxième case à droite du second nombre additionné.

49)

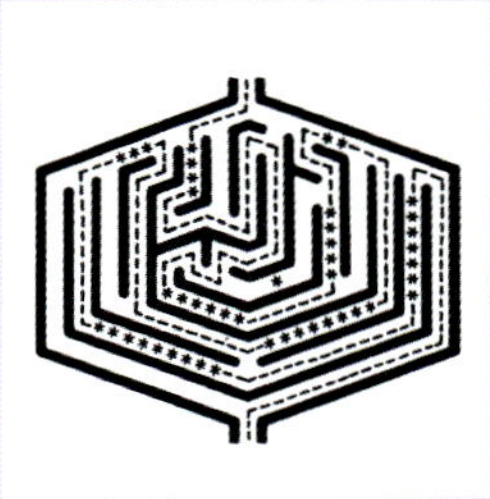

54)

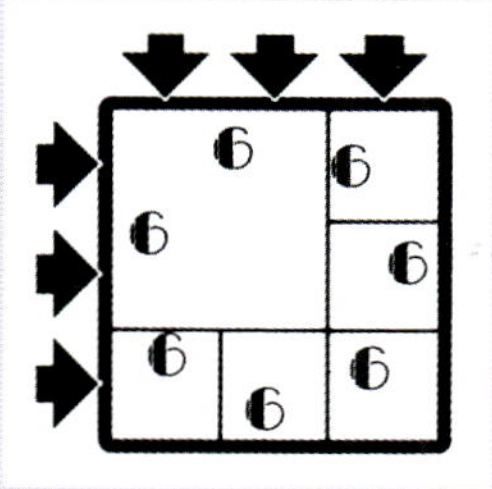

63)

61)

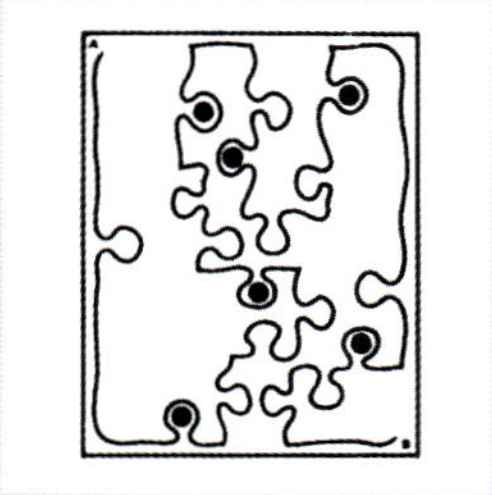

3)

67)

10)

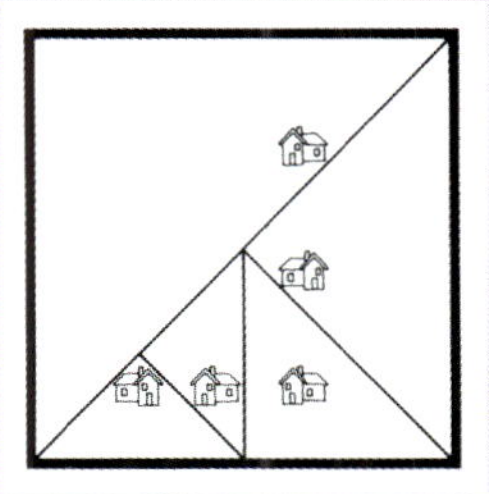

19) Clés nécessaires : 2, 4, 7.

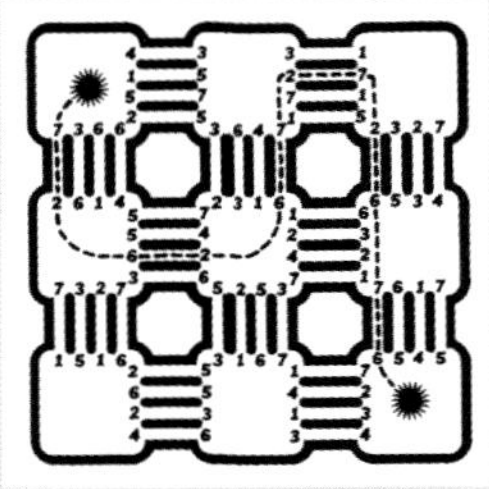

22)

31) Mots découverts : VÉNUS, MARS, JUPITER, MERCURE

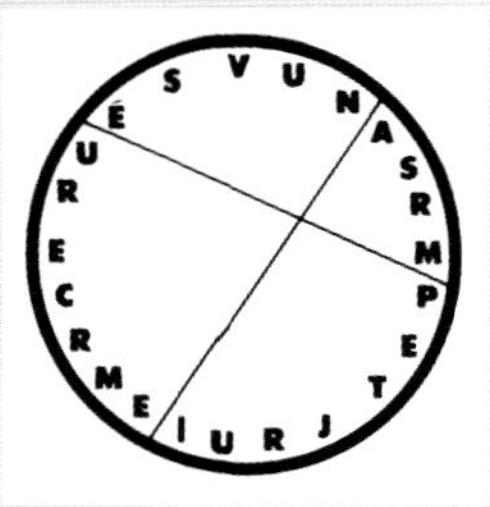

38)

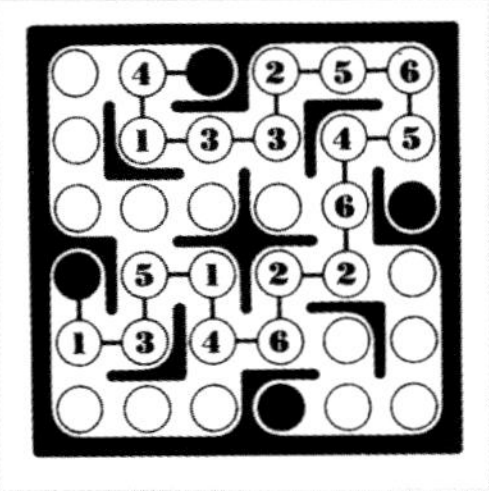

45)

50)

64) Une fois le 32 éliminé, chaque groupe totalise 103 points.

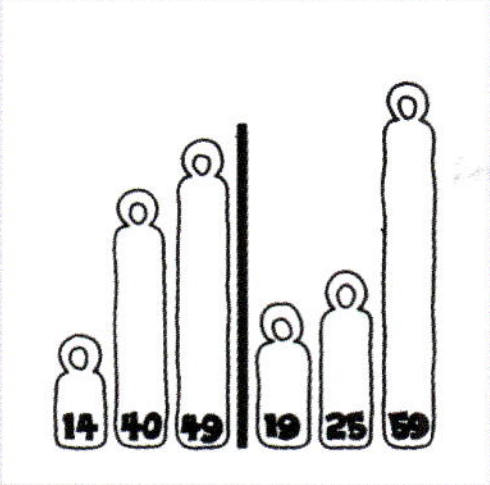

68)

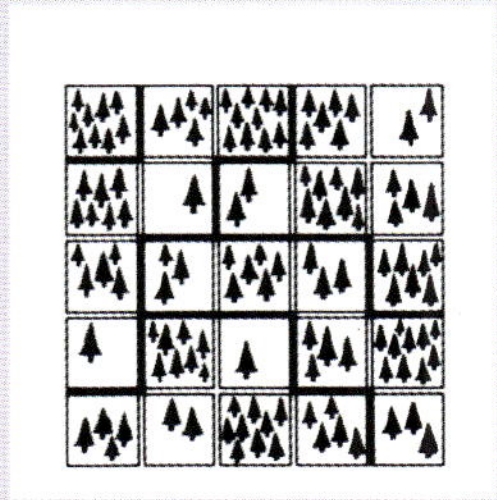

39)

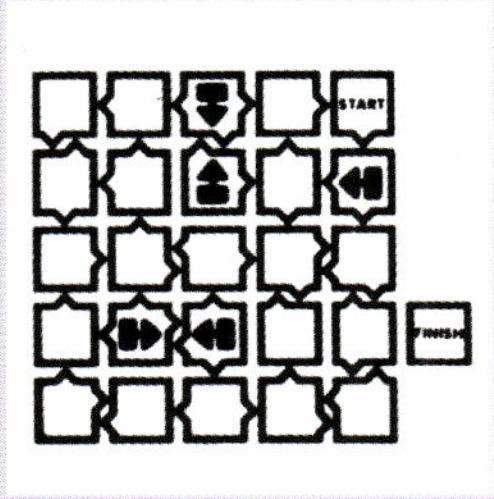

4) Une de quatre solutions. Les images miroir sont aussi correctes.

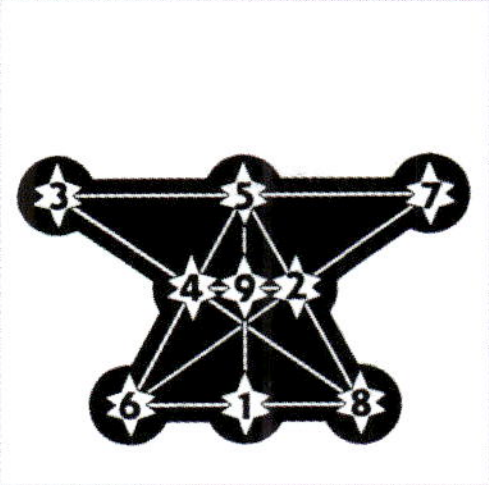

12)

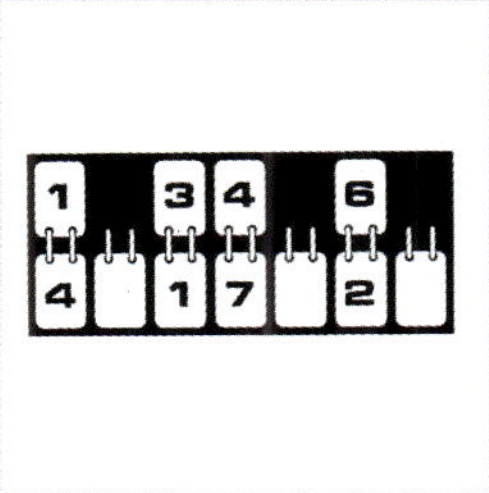

17)

24)

32)

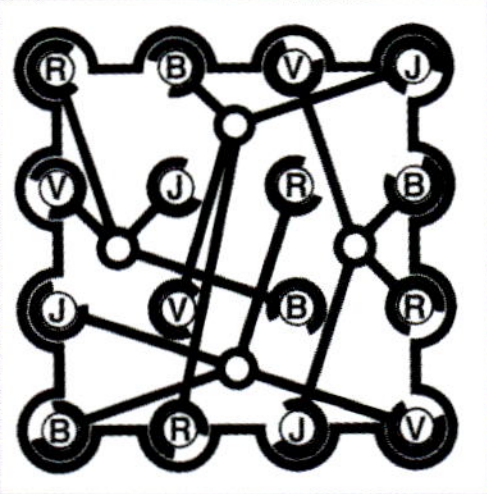

46)

51) Vous devez passer par l'avenue fléchée pour résoudre ce casse-tête.

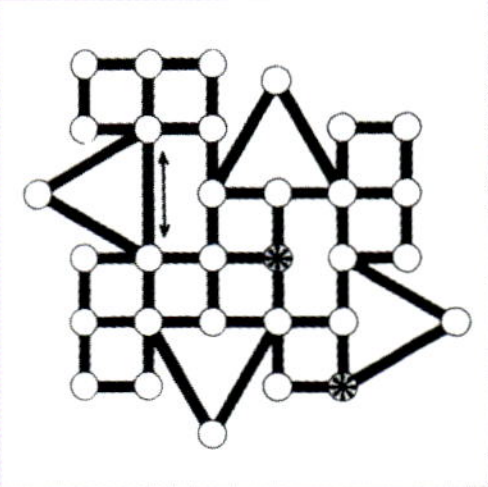

56)

69)

15)

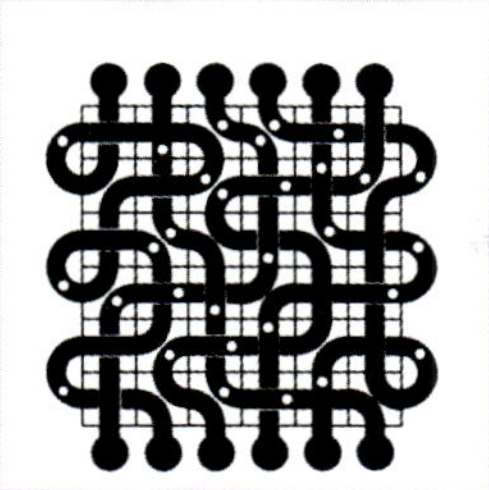

26)

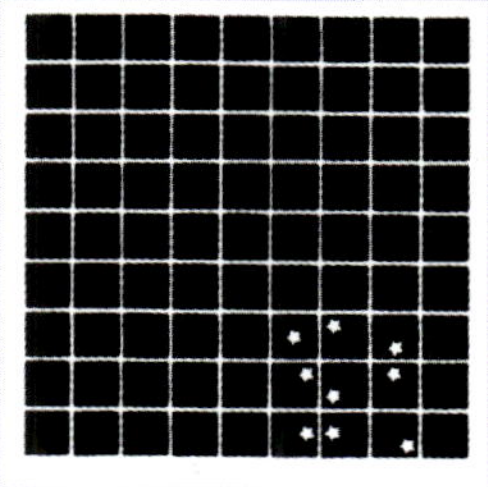

5)

33)

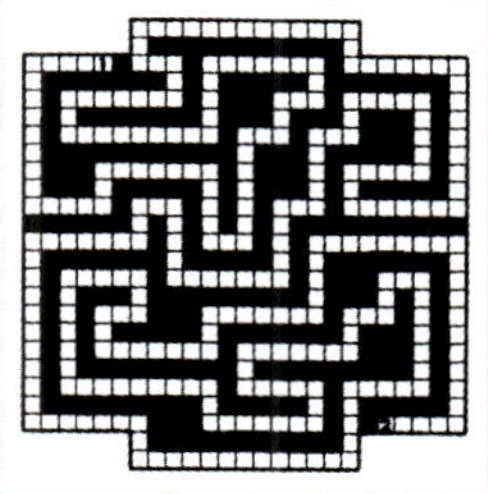

40)

11)

59)

7)

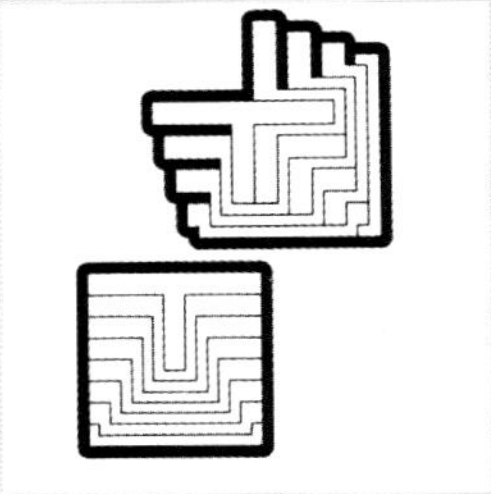

62)

13)

55) L'ouverture de 3 robinets permettra à l'eau de s'écouler.

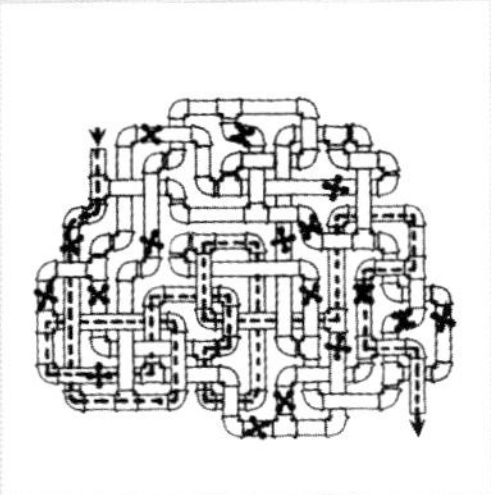

27)

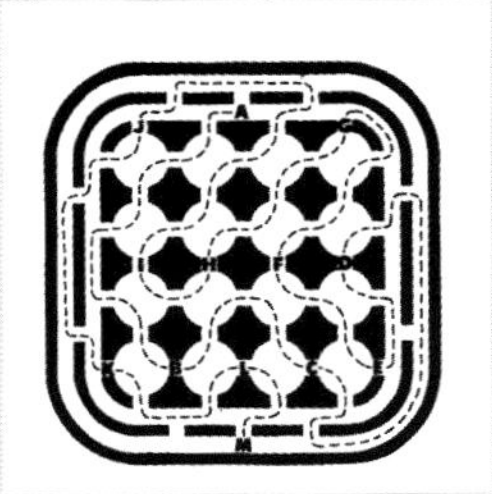

35) Tout chemin du haut reliant tous les chiffres est correct.

41)

48)

6)

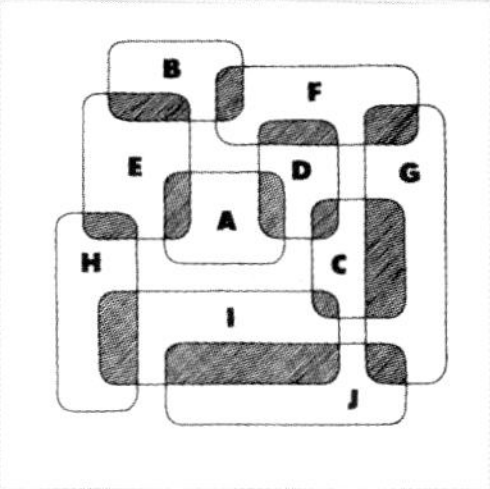

53) Plusieurs chemins existent, mais chacun d'eux commencera et se terminera aux étoiles A et B.

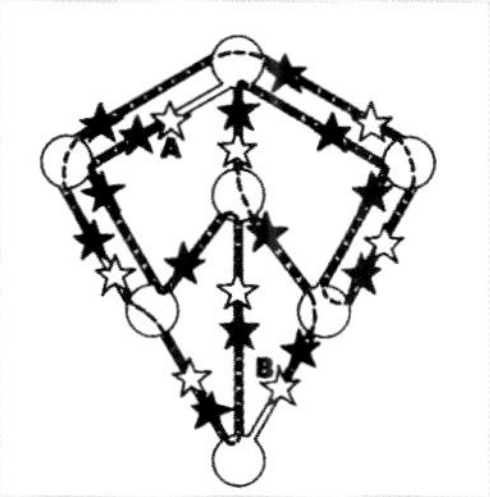

58) Chaque ballon doit totaliser 42 points. Les 5 ballons portent les chiffres suivants :

1) 7, 12, 4, 19
2) 16, 8, 3, 15
3) 13, 1, 10, 18
4) 5, 20, 6, 11
5) 14, 9, 17, 2

65)

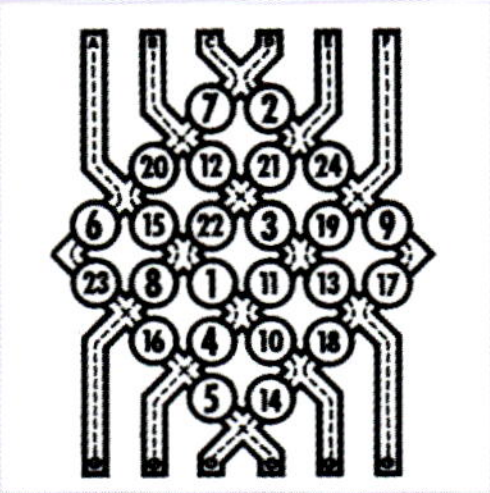

14)

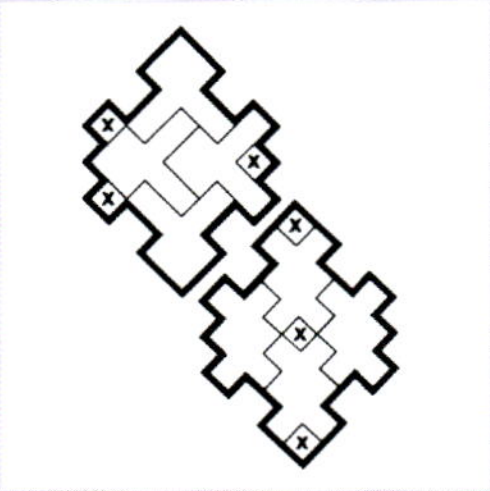

23)

21) Séquence des dés : 2, 4, 3, 1.

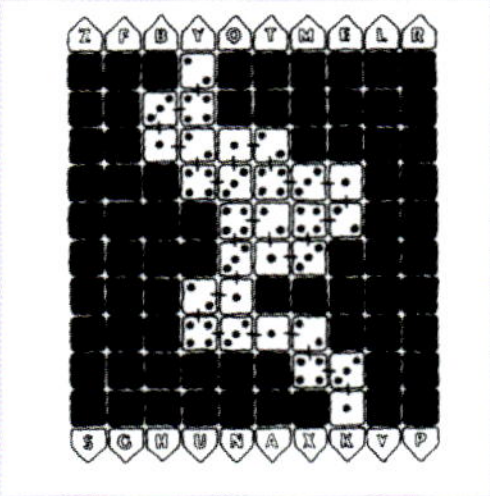

18)

28)

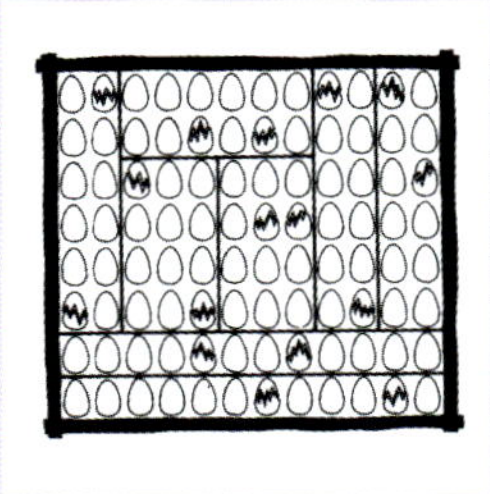

34) CHIFFRES ROMAINS

42)

52)

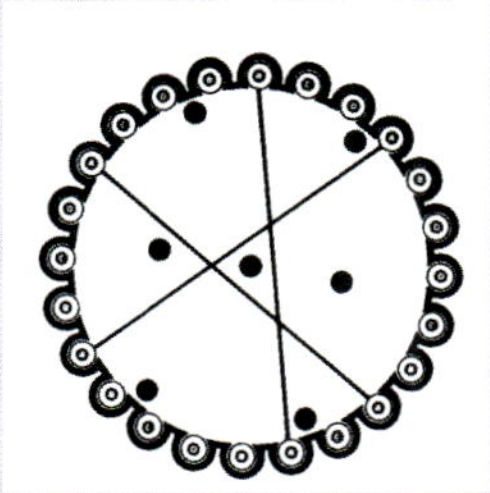

L'auteur

Si Harry Houdini était le plus grand des magiciens et Sherlock Holmes le plus grand des détectives, Steve Ryan est assurément le plus grand des maîtres des casse-têtes. Reconnu comme l'un des créateurs de jeux les plus prolifiques du monde, il a plus de 12 000 jeux de QI à son actif.

Ce virtuose des casse-têtes invente des jeux depuis son enfance. Au début de sa carrière, il a trouvé un marché pour ses créations à *Copley News Service*, où ses *Puzzles & Posers* et *Zig-Zag* ont été publiés pendant plus de vingt-cinq ans.

Le génie créatif de Ryan l'a aussi catapulté dans le monde télévisuel, où il a cocréé et développé le jeu *Blockbusters* pour Mark Goodson, le plus prestigieux producteur d'émissions de jeux télévisés. Ryan a aussi écrit pour *Password Plus*, *Trivia Trap*, *Body Language* et *Catch Phrase* et il a créé tous les rébus de *Classic Concentration*. Il a contribué à *The Price Is Right* et *Now & Then*. Il a également conçu des jeux de loterie, avec des millions de dollars en prix, pour plusieurs États et pays du monde.

Ryan est l'auteur de plus de vingt livres populaires, dont *Brain Busters*, *Lunchbox Puzzles*, *Sit & Solve Pencil Puzzles*, *Casse-têtes problématiques*, *Casse-têtes intrigants*, *Great Rebus Puzzles*, *Classic Concentration*, et le coauteur de *The Encyclopedia of TV Game Shows* et *The Ultimate TV Game Show Book*. Ses casse-têtes ont aussi été publiés dans des magazines tels que *Games*, *Nickelodeon* et *World of Puzzles* aux États-Unis et *Games & Puzzles* au Royaume-Uni. Ses livres de jeux ont été traduits en chinois, hollandais, français, italien, portugais, russe et espagnol. Ils ont fait leur apparition en Inde, au Pakistan et en Indonésie; d'autres terres lointaines les découvriront bientôt.

Ryan a mis à profit ses talents en art, design et mathématiques pour se bâtir non pas une carrière en architecture, mais un empire de gymnastique mentale.

Index des jeux